습관은 반드시 실천할 때 만들어집니다.

돈의 흐름을 읽는 습관

부자가 되는 경제 공부법

차칸양(양재우) 지음

좋은습관연구소

경제 공부 왜 이토록 어려울까?

많은 사람들이 경제 공부를 잘했으면 하고 바랍니다. 그래서 혼자서 책을 사서 읽기도 하고, 경제 신문을 구독하기도 하고, 이런저런 강의에 참석하기도 합니다. 하지만 그런 바람에도 불구하고 경제 실력은 쉽게 늘지가 않습니다. 왜 그럴까요? 다음의 두 가지 이유 때문에 그렇습니다.

하나는 우리가 사회로 나올 때까지, 그리고 나온 이후에도 제대로 된 경제 교육을 받아보지 못했기 때문입니다. 경제학이란 무척이나 난해한 학문 중의 하나입니다. 경제학의 정의만 봐도 알 수 있습니다. '자원의 부족함을 전제로 가장 효과적이고 효율적으로 자원을 소비하기 위한 일반 법칙을 규명하는 학문'. 어떤가요? 정의만으로도 머리가 지끈지끈하죠? 이렇게 어려운 경제학을 혼자서 공부해야 한다니 당연히 잘 안되는 게 정상 아닐까요?

경제 공부가 어려운 또 다른 이유는 과학 실험처럼 직접 눈으로 확인해볼 수가 없기 때문입니다. 잘 생각해보면 우리가 성인이 되어서 직장 생활을 하고 그 대가로 월급을 받고는 있지만, 실제로 이 돈들이 움직이는 걸 보는 건 아닙니다. 현대 금융은 실물 없이 숫자로만 존재합니다. 즉 은행 계좌의 숫자들이 바뀌는 것일 뿐, 우리 눈에는 그 움직임이 보이지 않습니다. 이렇게 본다면 경제 현상들은 그저 신기루에 불과할지도 모릅니다. 우리는 이런 비현실적 대상을 앞에 놓고 불 꺼진 방에서 벽을 더듬듯 공부를 하고 있습니다.

이러한 악조건에도 불구하고 경제를 잘 알아야 한다는 것에 대해서는 별다른 이견이 없습니다. 우리는 자본주의 시스템 안에 속해 있고, 경제의 기반이 되는 자본을 모르고서는 살아가기가 힘들기 때문입니다. 자본주의란 돈을 기반으로 움직이는 체제를 의미합니다. 돈은 사람으로 치면 혈액과도 같습니다. 피가 온몸을 돌며 우리 몸을 지탱해주듯, 돈 또한 우리 사회를 지탱해주는 가장 기본적인 요소입니다. 돈의 흐름은 곧 경제의 흐름이라고 할 수 있으며, 돈이 원활히 흘러 다님으로써 자본주의는 굳건히 지탱됩니다. 자본주의를 아는 것이 곧 돈에 대해 아는 것이고, 돈의 흐름을 이해하는 것이 바로 경제에 대해 아는 것입니다. 그렇기 때문에 경제를 모르면 돈을 모을 수도 없고, 부자가 될 수도 없습니다.

경제 공부 = 습관

저는 지난 2012년부터 일반인을 대상으로 하는 경제 학습 프로그램을 운영하고 있습니다. 이 과정을 통해 경제 공부를 하는 사람들이 겪는 여러가지 어려운 점들을 옆에서 지켜보았습니다. 한가지 다행스러운 것은 '경알못'(경제를 알지 못하는 사람)이라 할지라도 열심히만 하면 일정 수준까지는 올라선다는 사실입니다. 프로그램 참가자의 대부분은 한 번도 경제 관련 책을 읽어보지 않은 사람들입니다. 하지만 이들이 책 한 권씩을 읽어나가고, 실물 경제를 체험해 가면서 점점 경제에 대해 눈을 떠가는 것을 볼 수가 있었습니다. 또한, 경제 이슈에 대한 상호 토론을 하면서 잘 모르던 경제 일면을 발견하고, 여기에 자신들의 의견을 더함으로써 본인만의 경제관을 세우는 것도 확인할 수 있었습니다.

많은 사람들이 경제 공부를 시도하지만 실패하는 경우가 참 많습니다. 실패라기보다는 하다가 그만두는 경우가 대부분입니다. 아무리 힘들어도 포기하지 않고 강제성을 부여해 꾸준히 공부한다면, 높아만 보이던 경제 공부에 대한 허들은 점점 낮아지게 되고 일정 시간이 흐른 뒤에는 그 지점을 넘어선 자신을 발견하게 됩니다. 이렇게 되기 위해서는 '꾸준함'이 필요합니다. 저는 이 단어가 경제 공부를 함에 있어서 제일 중요한 키워드라 생각합니다. 무언가를 '꾸준히' 한다는 것은 결국 좋은 '습관'

을 만드는 것입니다. 경제 실력 혹은 경제 내공을 쌓는 것도 이와 다르지 않습니다. 그리고 경제야말로 습관적으로 들여다보고 매일 관찰하고 예측하는 것이지 않습니까? 어떻게 한순간에 자격증 취득하듯 경제를 알 수 있을까요? 그런 방법은 존재하지 않습니다. 각종 경제 현상들을 꾸준히 관찰하고 예측하고, 참여를 통해 자신이 생각하는 패턴을 수정하고 보완해 가는 것. 이 방법이야말로 어렵지만 경제를 제대로 공부하는 방법입니다. 경제는 정해진 법칙 같은 것 없이 계속해서 변화무쌍하게 움직입니다. 경제는 참여자들의 심리를 반영하는 측면이 있어서 마치 생물처럼 끊임없이 움직입니다. 그래서 계속해서(습관적으로) 공부하는 것이 무엇보다 중요합니다.

이 책에서 제안하는 여러 가지 경제 공부법들은 대부분 반복하는 것들입니다. 예를 들어 경제 도서 읽기의 경우 더도 덜도 말고 매일 30분씩 읽는 것을 강조합니다. 내용에 대해 충분히 이해하고 소화하는 것은 나중 문제라 하더라도 일단은 30분씩 집중해서 읽는 것을 말씀드리고 있습니다. 이렇게 해서 책 읽기 습관이 만들어지고 나면 자연스레 책 내용은 내 머릿속으로 들어오게 되어 있습니다. 책 읽기뿐만이 아닙니다. 경제 기사를 읽는 것도, 경제 지표를 정리하는 것도 마찬가지입니다. 대부분 꾸준한 기록과 정리를 통해서 자신만의 경제 식견을 가지는 것을 중요하게 제안합니다. 좋은 습관을 통해 만들어진 실력은 쉽게 사라지지 않습니다. 마치 퇴적 암반층처럼 단단한 기초를 만들어 줍니다. 그리고 어떠한 상황이 오더라도 흔들리지 않도록 중심을 잡아줍니다. 그러므로 경제 공부의 핵심은 그저 단순히 열심히 한다는 것이 아니라, 그것을 얼마나 습관화하느냐에 달려 있습니다.

이 책을 통해서 경제 공부의 습관을 잘 다져보시고, 돈의 흐름을 읽는 혜안을 꼭 얻으시기 바랍니다.

C O N T E N T S

내가
경제 공부를 하게 된
이야기

경제 강의나 재무 컨설팅을 진행하면서 만나는 분들 대부분은 제가 '경제학'이나 '경영학'과 같은 상경 계열 전공자일 거라 생각합니다. 하지만 아쉽게도(?) 그렇지 않습니다. 저는 경제와는 1도 어울리지 않는 '생물학'을 전공했습니다. 그야말로 '경알못 (경제를 잘 알지 못하는 사람)'이었죠.

사회에 진출해서도 마찬가지였습니다. 저는 1995년 유명한 발효유 회사인 H사에 입사했습니다. 생물학을 전공한 까닭에 경기도 평택에 위치한 발효유 공장 품질 관리 파트에서 일을 시작했고, 당연히 그곳에서 저의 경력이 계속 이어질 것으로 생각했습니다. 하지만 저의 생각과는 다르게 (어찌 보면 운이 좋게도) 생산 관리 사무 파트 쪽으로 자리를 옮기게 되었고, 이때 모셨던 팀장님이 1년 뒤 서울의 본사 구매부로 영전하면서 얼떨결에 저도 본사로 따라가게 되었습니다.

본사로 옮기게 된 것은 제게 큰 변화, 그것도 일생에 걸친 커다란 변화를 가져오는 계기가 되었습니다. 마치 빅픽쳐처럼 말이죠. 당시 회사에서는 일정 기간 근무 후 다른 부서로 옮겨 일하는 직무 순환제를 시행하고 있었는데, 저는 구매 부서에서 5년 근무를 마친 후 회계팀으로 자리를 옮기고 싶었습니다. 여기에는 저만의 이유가 있었는데, 구매 부서에서 일하는 동안 회계에 대해 워낙 모르다 보니 곤란을 겪은 적이 한두 번이 아니었기 때문입니다. 그리고 회계팀 직원들의 불친절 또한 더욱더 회계를 배워야겠다는 야망(!)에 불을 지르도록 만들었죠. 하지만 그 희망은 곧바로 물거품이 되고 말았습니다. 왜냐하면 당시 전보권을 쥐고 있던 회계 팀장님 왈, "경영이나 경제, 무역 등과 같은 상경 계열 전공자가 아니라면 절대! 회계부서로 올 수 없다"라는 것이었습니다. 정말 많이 억울했습니다. 아무리 대학에서 관련 분야를 전공했다 하더라도 업무를 위해서는 처음부터 다시 배워야 하는 게 회사 일인데, 고작 전공만으로 사람을 판단하다니요. 전 얼마든지 열심히 배우고 잘할 자신이 있었는데 말이죠.

하지만 이 일이 오히려 제게는 새옹지마가 됐습니다. 회계팀 대신 2지망으로 지원했던 재무팀에서는 와도 좋다는 OK 사인을 주었기 때문입니다. 원래는 재무팀도 철저히 전공을 따지는 부서인데, 당시 재무팀장님이 저의 무한한(?) 가능성을 높이 샀는지, 운 좋게 자리를 옮길 수가 있었습니다. 그래서 오히려 잘 되었다고 생각했습니다. 재무팀에 가면 회계뿐만 아니라 경제와 금융, 자산 운용에 대해서도 배울 수 있었으니 더 득이 되겠다는 생각이 들었기 때문입니다. 당시 재무팀장님은 통 크게 허락은 했지만, 생물학 전공자가 자신의 팀에 와서 잘 적응할 수 있을까 하는 우려를 지우긴 힘들었나 봅니다. 인사 발표 후 제게 오셔서는 "정말 잘 할 수 있겠냐?"고 조심스럽게 묻기도 하셨습니다. 그때 제가 한 대답이 있습니다. "생물학적으로 탐구하고 분석하듯 재무 업무에 도전해 보겠습니다!" 그때 재무팀장님의 웃음 뒤로 보이던 표정을 잊을 수가 없습니다. (뭐 이런 놈이 다 있나 하는...)

막상 그렇게 자신감을 내보이긴 했지만, 당연히 재무팀 업무가 쉽지만은 않았습니다. 특히나 회계는 더 어려웠습니다. 차변과 대변, 자산과 부채, 변동비와 고정비, 직접 원가와 간접 원가, 손익 분기점, 재무 상태표, 현금 흐름표 등등. 그 의미는 고사하고 용어조차도 이해하기가 힘들었습니다. 덕분에 생물학적 분석은커녕, 업무를 쫓아가기도 힘들었죠. 하지만 안되는 것은 없었습니다. 저녁 시간을 활용해 회계 학원을 다니며, 회계 기초를 배우고, 업무 중 시간이 날 때마다 회사 내부 매뉴얼과 관련 도서를 읽기 시작했습니다. 특히 그때 읽었던 책 중 가장 기억에 남는 것은 『금융 지식이 돈이다』 시리즈(총 3권)입니다. 아무래도 업무 특성상 은행이나 증권사 담당자들을 많이 만나야 했는데, 그럴 때는 금융 지식이 필수였기 때문입니다. 책은 그들의 대화를 이해하는 데에 큰 도움을 주었습니다. 어디선가 들어보기라도 했다는 위안이 대화를 할 수 있는 자신감을 주었기 때문입니다. 그럼에도 이해가 되지 않는 부분이 있으면 염치 불고하고 금융 담당자분들에게 묻거나 아니면 나중에 관련 자료를 찾아가며 하나씩 공부하기 시작했습니다. 그렇게 조금씩 지식이 쌓여가기 시작했습니다.

시간이 흐르면서 단편적인 경제 지식은 꾸준히 늘어갔지만, 경제 전반의 흐름을 읽는 것은 여전히 어렵기만 했습니다. 어떻게 해야 큰 숲을 바라보는 눈을 키울 수 있을까? 그러던 중 기회가 찾아왔습니다. 부서 내 업무 조정을 통해 '일일 경제 지표 보고'라는 업무를 제가 맡게 된 것입니다. 금리, 주가, 환율, 유가, 금 가격은 물론이고, 그날의 경제 전망까지. 종이 한 장에 이 내용을 요약해서 매일 아침 팀장과 임원에게 직접 구두 보고를 하는 일이었습니다.

생각해 보세요. 경제 초짜가 매일 경제 지표를 들여다보며 마치 전문가인 양 윗분들에게 브리핑까지 해야 한다니요. 처음에는 입이 떨어지지가 않았습니다. 그냥 정리한 것을 더듬더듬 읽는 수준이었죠. 하지만 시간이 흐름에 따라 조금씩 익숙해지기 시작했습니다. 패턴을 익히게 되었고, 이벤트에 따라 경제 지표의 움직임들이 조금씩 눈에 들어오기 시작했습니다. 그리고 실력이 쌓이기 시작하자 팀장님과 부문장님의 질문 수준과 요구 사항들도 높아만 갔습니다. 금리는 왜 자꾸 떨어지는 것이며, 향후 환율은 얼마나 오를 것이냐 등등. 저는 쏟아지는 질문에 답을 하기 위해서라도 더 많은 공부를 해야만 했습니다. 기존 자료뿐만 아니라 경제연구소에서 발행하는 웬만한 리포트는 죄다 섭렵했습니다. 그렇게 6개월을 보내자 서서히 어느 정도 감이 잡히더니, 1년이 되자 거짓말처럼 경제의 흐름이 보이기 시작했습니다. 돌이켜보건대, 제 경제 실력이 가장 빠르게 그리고 가장 단단하게 기초를 다지게 된 게 이때가 아닐까 싶습니다.

제가 속한 재무팀의 업무는 크게 세 가지로 나누어 집니다. 첫 번째는 집금(集金) 업무로써 각 영업장에서 제품을 팔아 번 돈을 본사 계좌로 모으는 일입니다. 두 번째는 출납(出納) 업무로써 돈을 내보내는 일입니다. 직원의 급여를 비롯해 원부재료비, 광고비 등 여러 거래 업체에 대금을 지불하는 일이죠. 마지막 세 번째는 회사가 보유하고 있는 자금을 운용하는 일입니다. 소위 자산 관리를 하는 것입니다. 아무래도 회사에서 제일 중점을 가지고 하는 일은 자산 관리라 할 수 있습니다. 게다가 H사는 자산 운용 규모만 수천억 원에 달했기 때문에 여기에서 발생하는 이자만 해도 상당히 큰 금액이었습니다. 그러다 보니 은행을 비롯한 보험, 증권사에서 회사의 자금을 유치하기 위한 경쟁 또한 매우 치열했죠. 금융사 직원들은 수시로 찾아와서 자신들이 출시한 금융 상품을 소개했고, 제가 하는 일은 이들로부터 상품 설명을 듣고, 투자 여부를 판단하는 일이었습니다. 물론 대부분의 자금을 안전한 정기 예금 위주로 투자했기 때문에 크게 신경 쓸 일은 없었지만, 전체 자산 규모의 20% 정도는 일반 주식형 펀드나 공채, 금융채와 같은 채권, 그리고 이름도 복잡한 DLS(파생결합증권), ABCP(자산유동화 기업어음) 등 다양한 금융 상품에 투자했습니다. 당연히 법인 자금으로 투자하기 위해서는 상품의 구조와 수익이 어떻게 발생하는지 그리고 해당 상품이 가지고 있는 리스크까지 빠짐없이 제대로 분석하고 파악해야만 합니다.

금융 상품뿐만 아니라 환율도 체계적으로 공부해야만 했습니다. 제품 생산을 위해 외국으로부터 들여오는 수입 원재료 대금을 달러 혹은 유로화로 결제하기 때문이었죠. 여기에 더해 외국에 위치한 계열사로부터는 달러가 들어오기 때문에 환율 관리는 필수적일 수밖에 없었습니다. 그래서 환율을 배우기 위해 각종 금융 기관에서 열리는 관련 세미나나 포럼, 교육까지도 빼놓지 않고 다녔습니다. 틈나는 대로 책도 열심히 읽었고요. 그런데도 환율은 쉽지 않았습니다. 처음 환율 교육을 받으러 갔을 때 수업 시작과 동시에 했던 강사님의 말씀이 잊히지가 않네요. "환율은 신의 영역입니다."

그렇게 3년을 재무팀에서 근무한 뒤 다른 부서로 재배치되었습니다. 이때가 30대 후반으로, 당시 저는 지독한 아홉수의 열병에 걸려 있었습니다. 모두가 선망하는 부서에서 근무하고 있었고, 승진도 누락 없이 잘 되고 있었지만 가슴 한쪽에서는 뭔지 모를 불안과 답답함이 계속해서 쌓여 가고 있었습니다. 1년 뒤면 마흔이 되는데 돌아보니 모아 놓은 것도, 특별히 이룬 것도 없는 것 같더군요. 지금까지 뭐 하며 산 거지? 이제 어디로 가야 하는 거지? 숨이 막혀 왔습니다. 그리고 그 숨 막힘은 '앞으로 어떻게 살 것인가?'란 하나의 질문으로 압축되어 저를 조여왔습니다. 그러던 어느 날 우연히 책을 통해 '구본형'이란 분을 알게 되었습니다. 20년을 직장인으로 근무하다 자신의 주 업무였던 '변화 경영'이란 키워드를 가지고 『익숙한 것과의 결별』이란 책을 내고, 이후 두 권의 책을 더 출간한 후 본격적으로 1인 기업가로서의 길을 걷기 시작한 분입니다. 그의 말에는 강렬한 끌림이 있었고 가슴에 불을 지르는 마력이 있었습니다. 그에 대해 좀 더 알고 싶었습니다. 그래서 그가 진행하는 2박 3일 프로그램에도 참여했고, 이후 그가 운영 중이었던 변화경영연구소 연구원 과정(1년의 정규 과정으로 운영되는 학습 공동체)에 응시하여 연구원이 되었습니다.

연구원 과정은 그야말로 힘든 고통과 인내를 요구했습니다. 두껍고 어렵기만 한 인문, 사회, 철학, 역사 서적들을 매주 한 권씩 독파해야 했고, 그런 다음에 최소 20~30페이지에 달하는 북리뷰를 작성해야만 했습니다. 더불어 책을 읽는 동안 얻게 된 생각을 A4 1장 분량의 칼럼으로 써내야 했습니다. 여기에 더해 한 달에 한 번은 자신의 삶을 돌아보는 과제 발표까지도 해야 했습니다. 그런데도 포기하지 않고 끝까지 버틴 이유는 '앞으로 어떻게 살 것인가?'란 답을 찾을 수 있을 것 같았기 때문입니다. 그렇게 악으로 깡으로 1년을 공부하고 나면, 2년째에는 자신의 책을 출간하는 과제를 해결해야만 합니다. 당연히 쉽지가 않았습니다. 원래 글을 쓰지 않던 사람이 1년간 북리뷰와 칼럼 쓰는 연습을 했다고 해서 자신의 책을 뚝딱하고 출간하기란 쉽지 않은 일이었으니까요. 결국, 책을 쓰기 위한 첫 번째 시도는 원고를 완성하지도 못한 채 실패하고 말았습니다. 이후 심기일전하여 다시 도전한 두 번째 시도에서는 우여곡절 끝에 『소심야구』란 제목의 전자책을 출간할 수 있었습니다. 제 사회인 야구 경험을 토대로 한 스토리텔링이었죠. 아주 기뻤습니다. 어쨌든 이 세상에 제 이름으로 된 책을 출간한 거니까요. 하지만 딱 거기까지였습니다. 책 한 권 출간으로 제 인생이 달라지진 않았으니까요.

매일 새벽 『소심야구』를 쓰면서 회사에서는 일상 업무 외에 새로운 시도를 시작했습니다. 재무팀에서 일하며 배운 경제 지식과 내용을 회사 직원들과 나누고 싶었습니다. 그래서 경제 상식, 금융 상품, 재테크, 최근 시장 상황 분석 등. 매일 하나의 주제를 정한 다음 A4 용지의 1/2 정도의 짧은 글로 쓰고 이를 회사 게시판에 올리기 시작했습니다. 어려운 경제를 쉽고 재미있게 풀어내는 것이 제 미션이었습니다. 처음엔 별 반응이 없었습니다. 하지만 시간이 흐르면서 조금씩 직원들의 호응이 생기기 시작했습니다. 처음에는 오래 할 생각이 없었습니다. 오래 할 수 있으리라 생각도 못 했고요. 또한 초반 3, 4개월 동안은 무척이나 힘들었습니다. 글을 쓰는 것보다도 글을 쓰기 위한 소재를 찾는 것이 더 힘들었습니다. 그래서 각종 뉴스, 기획, 리포트, 책은 물론이고, 심지어는 생활의 여러 현상을 경제와 연관 지어 생각했습니다. 하루하루가 고민의 연속이었습니다. 회사에 출근하여 오늘은 어떤 소재로 글을 써야 할지 고민에 고민을 거듭해야만 했고, 다행히 하나를 건지게 되면 다시 그 소재를 어떻게 써야 할지 고민했습니다. 그러나 습관의 힘은 무서웠습니다. 시간이 흘러 생각의 틀이 잡히고, 글을 쓰는 것도 점점 힘이 붙자 경제 글쓰기를 어느 정도 즐길 수 있는 수준까지 올라서게 되었습니다. 그 결과 거의 1년 가까이, 편수로는 약 200편을 연재할 수 있었습니다. 저도 놀랄만한 결과였죠. 덕분에 직원들로부터 감사 인사도 많이 받았습니다. 이 시도를 통해 저는 회사안에서 '재무통' '경제통'으로 인정받기 시작했습니다. 재무 전문가로 자리매김하게 된 거죠. 하지만 그보다도 더 좋았던 건 글쓰기를 통해 제 자신의 경제 실력이 일취월장했다는 것입니다. 그냥 아는 것에 그치는 것이 아니라, 그것을 다른 사람에게 도움이 될 수 있도록 제 언어로 표현하는 과정에서 실력이 한두 단계 더 업그레이드된 것입니다.

1년여의 연재를 마치고 그다음 해에는 간단한 경제 상식이 아닌, 직원들의 경제적 삶에 더욱더 보탬이 될 수 있는 현실적인 경제 이야기를 해보고 싶었습니다. 당시 제가 가지고 있던 경제관과 가치관을 결합하는 작업이었죠. 그래서 일주일에 한 편씩《돈의 관점으로 본 인생사》란 제목으로 다시 연재를 시작했습니다. 새로운 글에 대한 반응도 좋았습니다. 그렇게 4개월여를 연재했고, 직원들의 열렬한 호응 속에 글을 마무리할 수 있었습니다. 그리고 이 연재는 얼마 후 제게 큰 행운을 가져다 주었습니다. 이 글들을 모아『불황을 이기는 월급의 경제학』이란 책을 출간하게 되었으니까요. 책을 낸 후 축하도 많이 받았습니다. 더불어 완전한 재무 전문가로 인정받는 계기가 되었습니다.

그해에는 연재와 함께 새로운 시도를 한가지 더 했는데, 그

것은 바로 1년짜리 경제 공부 프로그램을 만드는 것이었습니다. 경제 도서들로 커리큘럼을 구성하고, 서평을 쓰되 2주에 한 권 분량으로, 그리고 한 달에 한 번은 오프 모임을 통해 과제를 발표하는 형식의 프로그램이었죠. 결코 쉬운 과정은 아니지만, 이 정도의 공부를 마치고 나면 분명 경제에 대한 체계가 잡힐 것이란 생각을 했습니다. 첫 기수는 회사 직원들을 대상으로 모집했는데 마감날 확인해보니 총 19명의 직원들이 지원했더군요. 첫 상견례를 가졌던 그 날 저녁의 풍광이 잊히지가 않습니다. 아마도 제 인생에서 가장 기억에 남는 몇 순간을 꼽으라고 한다면 이날 저녁을 제외하기는 어려울 것 같습니다. 이날이 바로 제 1인 기업의 이름인 "에코라이후"의 태동이자 첫걸음입니다. 그렇게 시작된 에코라이후가 올해로 벌써 8년째를 맞이했습니다. 지금은 8기가 왕성하게 활동하고 있습니다. 첫 시작은 회사 직원만을 대상으로 했지만, 3기부터는 사내가 아닌 외부 사람들까지 합류함으로써 에코라이후 모임은 본격적인 경제·경영·인문의 균형 찾기 프로그램이 되었습니다. 지금까지 약 70명의 사람이 이 프로그램을 거침으로써 경제에 대한 기본 실력을 갖추고, 더불어 인생을 더욱더 넓게 바라볼 수 있는 시각과 관점을 얻게 되었습니다.

이 책은 바로 이 프로그램의 기반이 된 각종 경제 공부법과 제가 회사에서 스스로 공부하며 터득한 경제 공부법들을 하나씩 소개하는 책입니다. 대부분 구체적인 실천을 담보로 하는 활동들입니다. 책을 읽고 서평을 쓰고, 각종 경제 지표를 점검하고 이를 해석하는 공부. 이 모두가 누군가 공식처럼 가르쳐줘서 익힌 경제 공부법이 아니라 스스로 매일같이 실천하면서 정립한 습관들입니다. 그래서 이 책에서 제안하는 경제 공부법들은 모두 생각으로만 제안하는 게 아니라 직접 해보고 여러 사람들과 함께 만들어간 습관들이라 할 수 있습니다. 그래서 "이거만 하면 된다"이런 건 없습니다. 오히려 매일매일 오랫동안 지속해야만 인사이트를 얻을 수 있는 정석 같은 것들이라고 말씀드릴 수 있습니다. 하지만 그걸 실천했을 때 따라올 내 실력은 어마어마할 것입니다. 부디 책을 읽는 과정이 그리고 책을 읽고 습관 만들기를 해보는 과정이 어렵고 힘들더라도, 꼭 한두 개의 습관은 반드시 나의 경제 공부 루틴으로 만들어 보면 좋겠습니다.

1부. 돈의 흐름을 읽는 경제 공부

1

매일 30분 경제 도서 읽기

경제 공부를 잘하는 습관 만들기, 그 첫 번째 방법은 바로 '경제 도서 하루 30분씩 읽기'입니다. 어쩌면 아주 식상한 방법일 수도 있습니다. 누구나 다 생각하고 있는 것이기도 하고요. 하지만 그럼에도 빼놓을 수 없는, 그래서 제일 첫손가락으로 꼽는 방법이기도 합니다. 물론 경제 공부를 위해서는 경제 도서 외에도 강의, 경제 기사, 칼럼, 각종 미디어 시청 등 여러 편리하고 다양한 방법을 활용할 수도 있습니다. 그렇기 때문에 경제 도서 읽기는 가장 고루하고 효율성이 떨어지는 방법이라고 다들 생각합니다. 그런데도 가장 우선순위로 이 방법을 추천해 드리는 이유는 큰 숲을 볼 수 있는, 더불어 그 숲에 대해 찬찬히 음미하며 큰 줄기까지 파악할 수 있도록 도와주는 가장 확실한 방법이기 때문입니다.

아래 리스트는 경제 공부를 잘하기 위해 특별히 추려낸 경제 도서 10권인데요, 이 목록을 보며 조금 더 자세히 이야기해 보도록 하겠습니다.

『경제 기사 궁금증 300문 300답』 곽해선 저, 혜다

『금융은 어떻게 세상을 바꾸는가』 이종태 저, 개마고원

『자본주의』 EBS 자본주의 제작팀 저, 가나출판사

『시골빵집에서 자본론을 굽다』 와타나베 이타루 저, 더숲

『지금 애덤 스미스를 다시 읽는다』 도메 다쿠오 저, 우경봉 역, 동아시아

『죽은 경제학자의 살아있는 아이디어』 토드 부크홀츠 저, 류현 역, 김영사

『세계 금융시장을 뒤흔든 투자 아이디어』 피터 L. 번스타인 저, 이손

『금융 투기의 역사』 에드워드 챈슬러 저, 강남규 역, 국일증권경제연구소

『그들이 말하지 않는 23가지』 장하준 저, 김희정 역, 부키

『시골의사의 부자 경제학』 박경철 저, 리더스북

위 리스트는 제가 앞서 잠깐 소개한 '에코라이후' 프로그램의 필수 커리큘럼(총 24권) 중에서 한 번 더 엄선한 리스트입니다. 이 책들은 가능하면 위에서부터 아래로 순서대로 읽는 것을 추천해 드립니다. 왜냐하면 경제 공부 초보자들이 따라올 수 있게 전반적인 기초 개념부터 자본주의와 금융의 역사, 그리고 현실에서 어떻게 적용되고 있는지 등을 알 수 있게끔 순서대로 배치해 놓았기 때문입니다.

좀 더 구체적으로 설명해 드리면, 첫 번째 책인『경제 기사 궁금증 300문 300답』과 두 번째 책인『금융은 어떻게 세상을 바꾸는가』는 경제와 금융에 대한 전반적인 기초 지식을 배울 수 있는 책이고,『자본주의』와『시골빵집에서 자본론을 굽다』는 자본주의의 개념을 아주 쉽게 이해할 수 있도록 도와주는 책입니다. 여기에『지금 애덤 스미스를 다시 읽는다』,『죽은 경제학자의 살아있는 아이디어』,『세계 금융시장을 뒤흔든 투자 아이디어』,『금융 투기의 역사』까지 읽게 되면 경제의 역사는 물론이고, 경제사상을 이끌어 온 주류 경제 이론까지 습득하게 됩니다. 이후『그들이 말하지 않는 23가지』를 통해서는 자본주의의 숨겨진 비밀과 부작용에 대해, 마지막으로『시골의사의 부자 경제학』은 돈에 대한 관점 및 저축과 투자에 대한 현실적이며 실용적인 관점을 가르쳐 줍니다. 왜 순서대로 읽어야 하는지 아시겠죠?

책의 전반적인 난이도는 낮은 편이라고 말하기 어렵습니다. 『자본주의』나 『시골빵집에서 자본론을 굽다』처럼 쉽게 넘어가는 책도 있지만, 『죽은 경제학자의 살아있는 아이디어』, 『금융 투기의 역사』처럼 다소 두껍고 집중을 필요로 하는 책도 있습니다. 그렇다면 왜 경제 관련 책들은 이리 어렵기만 한 걸까요? 여기에는 그럴만한 이유가 있는데, 그것은 경제 영역 자체가 일반인들이 이해하기 어려운 수많은 구조와 움직임을 가지고 있기 때문입니다. 그래서 아무리 학자나 관련 전문가들이 쉽게 풀었다고 할지라도 우리 같은 초보가 보기에는 여전히 이해하기가 어려운 내용이 많습니다. 그러다 보니 진도는 잘 나가지 않고, 결국엔 중간에 책을 덮는 일이 다반사로 발생합니다.

자, 이제 징글징글한 포기는 그만! 경제 공부를 위해 필수적으로 봐야 하는 책 소개에 이어서 경제 책 읽기를 더욱 쉽게 하는 방법에 대해 알려드리겠습니다. 딱 한 가지만 실천하면 됩니다. 바로 하루 30분씩 읽기. 더도 덜도 말고 딱 30분씩만 읽으면 됩니다. 다만, 이때 요령이 필요합니다. 읽는 도중 이해가 잘 안 되는 부분이 많이 나올 텐데, 그때는 이해하려 애쓰지 말고 슬쩍 넘어가며 하루 30분의 시간만 정확히 지켜주시는 겁니다. 만약 당신이 '경알못'이라면 조금 속되게 표현해서 '검은 건 글씨, 하얀 건 종이'라는 식으로 그저 눈으로만 훑고 지나가도 괜찮습니다. 아니, 어떻게 그럴 수 있나요? 무슨 시간 낭비도 아니고. 이런 식으로 책을 읽으면 머릿속에 남는 게 없지 않을까요? 하는 우려가 생길 수도 있습니다만, 사실 그렇게 해야만 진도를 뺄 수가 있습니다. 즉, 책 한두 권을 완벽히 숙독한다고 해서 경제가 다 이해되는 것도 아니니 멀리 보시고, 조금씩 쌓아가는 공부를 해야 한다는 얘기입니다. 그래서 책을 읽다가 모르는 부분이 나올 때는 과감히 패스하고, 다른 책에서 그 부분을 이해할 기회를 찾는 게 좀 더 현명한 방법입니다. 마치 색을 덧칠하듯, 시작은 옅은 색이지만 덧칠을 계속하다 보면 나중에는 진한 색으로 변모하는 것처럼 말이죠.

경제 도서들의 특징 중 하나는 계속해서 중복된 이야기들이 등장한다는 것입니다. 예를 들어 1971년 당시 미국 대통령이었던 리처드 닉슨은 '닉슨 독트린'이라 불리는 금태환 중지를 선언합니다. 이는 더 이상 미국 달러를 금과 연동하여 교환하지 않겠다는 선언으로, 국제 무역의 기축 통화가 더 이상 금이 아닌 미국 달러로 넘어가게 되는 매우 중요한 사건입니다. 이 이야기는 웬만한 경제학책들이라면 한 번씩 언급하는 중요 사건으로 경제사적으로도 큰 의미와 파장을 몰고 왔습니다. 경제 도서들에서는 이처럼 중요한 내용을 다양한 관점으로 계속해서 언급하는 특징이 있습니다. 그래서 처음엔 다소 이해가 되지 않더라도 이 책, 저 책을 통해 자주 접하다 보면 '아, 이 사건이 이래서 그런 거였구나' 하는 식으로 저절로 받아들일 수 있게 됩니다.

매일 30분씩 경제 도서를 읽는다면 아무리 못해도 하루 15페이지 정도는 읽을 수 있습니다. 열흘이면 150페이지, 그리고 20일이면 300페이지 정도를 읽을 수 있음으로 대략 3주 정도면 책 한 권 완독이 가능합니다. 3주에 한 권 정도를 읽는다고 가정할 때, 제가 추천해 드린 10권의 도서는 총 30주, 약 7개월 정도면 독파가 가능한 수준입니다. 주말이나 시간이 있을 때 조금 더 읽는다면 충분히 6개월 만에도 완독할 수 있고요. 10권을 다 읽고 나면 그다음부터는 더욱더 빠른 속도로 경제 도서 섭렵이 가능해집니다. 이미 자신의 머릿속에 일정 수준 이상의 경제 기초와 상식, 역사적 사건, 그리고 자본주의의 개념과 금융의 흐름이 자리 잡은 상태가 될 테니까요. 이때쯤이면 경제 기사, 뉴스, 경제 용어 등도 이전보다 더 알아듣는 게 많아질 겁니다. 마치 스펀지가 물을 빨아들이는 것처럼 말이죠.

하루 딱 30분씩만 경제 도서 읽기에 투자해 보세요. 잘 이해가 되지 않더라도 그냥 하루 30분, 이 시간만 지킨다는 생각, 그래서 '습관화'한다는 생각만 가지고 있으면 됩니다. 분명 자신도 모르는 사이에 실력은 늘어가고 내공은 깊어지게 됩니다.

2

다섯 번 읽은 효과, 북리뷰 작성하기

아마 이런 경험해보신 분들 꽤 많을 것 같습니다. 좋은 책이라고 소개받아 읽고 있는데 내용이 좀 어렵다 보니 읽다가 앞으로 돌아가 다시 읽거나, 분명 읽긴 읽었는데, 거의 기억나지 않는... 어떤가요? 그저 남의 이야기만은 아니죠? 뇌과학자들의 설명에 의하면 인간의 기억 용량은 한계가 있다고 합니다. 그래서 시간의 흐름에 따라 기억들이 사라지게 되는데, 다만 100% 삭제되는 것은 아니기 때문에 해당 내용을 다시 읽게 되면 예전 기억이 조금은 되살아난다고 합니다. 경제 도서를 읽을 때 특히 이런 경험이 많을 텐데요, 아무래도 일반 소설이나 자기계발서

와는 달리 전문적이고 어려운 내용들이 많이 포함되어 있기 때문이라고 할 수 있습니다. 그래서 이번 공부 습관에서는 기억을 오래 유지하는 방법, 특히 경제 도서를 읽을 때 유용하게 활용할 수 있는 몇 가지 독서법에 대해 얘기해 보겠습니다.

제가 여러분께 추천하는 방법은 (매우 식상하게도) 북리뷰를 쓰는 것입니다. 사실 책을 읽고 북리뷰까지 쓴다는 것은 엄청 귀찮은 일이 아닐 수 없습니다. 게다가 어렵디어려운 경제 도서를 리뷰한다? 이는 땀을 뻘뻘 흘려가며 높은 고개를 하나 넘었더니 이보다 더 높은 고개를 마주한 심정이나 마찬가지입니다. 당연히 "절대 노!"를 외치고 싶겠죠? 하지만 쉽게 할 수 있는 방법이 있으니 너무 노골적인(?) 거부감을 표출하지 않으셨으면 합니다. 쉽게 할 수 있는 북리뷰 작성법에 대해 말씀드리기 전에 왜 북리뷰가 그렇게 중요한지에 대해 먼저 알아보고 가겠습니다.

경제 도서를 읽는 데 있어 북리뷰는 두 가지 측면에서 매우 중요한 역할을 합니다. 하나는 북리뷰가 아침 이슬처럼 금방 사라지고 마는 기억을 잡아준다는 것이고, 다른 하나는 북리뷰를 자신의 파일에 저장해 놓음으로써 언제든 다시 꺼내 볼 수 있다는 것입니다. 한마디로, 충실하게 작성된 북리뷰 한 편은 열 권의 책이 부럽지 않습니다. 하지만 문제는 역시나 북리뷰 작성을 습관화하는 것입니다. '노오오오력'을 기울여 북리뷰를 작성한다 할지라도 한두 권에 그치고 만다면, 그 효과는 단기에 그치고 말 테니까요. 그렇기 때문에 북리뷰 작성은 쉬워야 하며, 또한 가볍게 접근할 수 있어야 합니다. 제가 추천해 드리는 북리뷰 작성법은 책에서 배운 것을 딱 두세가지 정도로만 간단하게 정리해 보는 방법입니다. 즉, 책 내용의 핵심을 총 세 줄 정도로만 요약하는 겁니다. 어떤가요? 이만하면 충분히 할 만하겠죠? 지난 글 '매일 30분 경제 도서 읽기'에서 소개해드린 추천 도서 열 권 중 첫번째 책인 『경제 기사 궁금증 300문 300답』을 예로 들어 보겠습니다. 완독 후 아래처럼 정리해보는 것입니다.

1) 줄기보다 숲. 기본기. 경제는 생존 그 자체다.
2) 경제 역사 알기. 애덤 스미스는 경제의 아버지. 칼 마르크스는 어머니?
3) 경제 지표(금리, 주가, 환율, 유가, 금 등) 알기. 매일 6개월 이상 보면 흐름이 보인다.

간단하죠? 일반 북리뷰처럼 긴 장문의 글을 쓰는 게 아니고, 위와 같이 세 줄 정도로 요약한다고 생각하면 그렇게 어렵지 않습니다. 사실 우리가 북리뷰를 꾸준히 하지 못하는 이유는 너무 거창하게 생각하고, 또 잘 쓰려고 하는 욕심 때문이기도 합니다. 하지만 위의 예처럼 짧게 나열하는 식으로 간단하게만 정리해도 그 효과는 일정 부분 유지가 됩니다. 짧더라도 머릿속에 있는 생각을 꺼내어 글로 정리해 두었기 때문이죠. 더 간단하게 하는 방법도 있습니다. 그저 키워드만 나열하는 방법인데요, 도움이 되었거나 새롭게 알게 된 용어 위주로만 적는 것입니다. 이 방법을 통해서도 추출한 키워드들이 연상 작용을 일으켜 책에 대한 전반적인 기억을 유지시켜 줍니다.

여기서 잠깐! 조금 더 심화된 방법을 원하시는 분들을 위해 한 단계 더 업그레이드된 방법을 알려드리겠습니다. 소개해드린 세 줄 정리법을 쉽게 할 수 있는 분들이라면 내친김에 다음 방법까지도 시도해 보시기 바랍니다. 그것은 바로 필사인데요, 아시다시피 필사란 책의 내용을 그대로 옮겨 적는 것입니다. 필사의 유용성에 대해서는 많은 분들이 이야기하고 있는데, 대략적으로 다섯 번 읽는 효과가 있다고 합니다. 또 필사를 해두면 나중에 언제든 필요할 때 해당 내용을 다시 찾아 읽어볼 수 있는데, 책 내용 중 핵심이 되는 부분만 필사하기 때문에 마치 책 한 권을 처음부터 끝까지 다시 읽은 효과를 줍니다. 아니, 무슨 문학도 아니고, 경제학책을 필사하라고요? 분명 이렇게 생각하시는 분들도 있을 텐데요, 필사는 기억 강화, 내용 요약, 성취감 제공은 물론이고, 내가 정말 열심히 공부했구나 하는 자부심까지 선물해 줍니다. 이 같은 동기 부여는 경제 공부를 꾸준히 할 수 있게 도와주는 뽀나스(!)입니다. 필사에는 두 가지 방법이 있습니다. 하나는 고전적 방법이라 할 수 있는 손으로 직접 쓰는 것이고, 다른 하나는 PC를 활용해 타이핑을 하는 방식입니다. 둘 중 어떤 방식이든 본인에게 조금이라도 더 편하고 도움이 되는 것을 선택하면 됩니다. 또한 필사를 더 잘 활용하려면 한 번만 하는 것으로 끝내는 것이 아니라, 필사한 문장 중 '베스트 오브 베스트'라 할 수 있는 문장을 골라 한 번 더 베껴쓰기를 해보는 것도 좋은 방법입니다.

세줄 요약법, 필사까지 했음에도 불구하고, 좀 더 완벽한 북리뷰를 원하는 분들을 위해 좀 더 전문가적(!) 북리뷰 작성법을 추가로 공개하겠습니다. 경제 도서를 읽고 난 후 다음과 같은 네 가지 항목으로 북리뷰를 써보는 것입니다.

1) 좋은 인용구 필사하기 : 좋은 인용구를 골라 필사합니다. 이때 페이지 번호까지 추가해 놓으면 이후 그 책을 다시 읽고자 할 때 도움이 됩니다.

2) 이 책은 : 책에 대한 나만의 정의, 저자에 대한 소개나 에피소드, 평가 등 책의 전반적인 부분에 대해 자신의 목소리로 기술합니다.

3) 책에서 배우다 : 책에서 배운 점 두세 가지를 적습니다. 구체적이면 더 좋습니다.

4) 꼭 기억할 문구 : 필사한 문구 중 가장 베스트를 뽑아 다

시 한번 더 필사합니다.

위와 같이 북리뷰를 작성하게 되면 당연히 많은 것을 얻을 수 있을 뿐만 아니라 책에 대한 기억 또한 오래 가게 됩니다. 하지만 이대로 따라하기란 정말 만만치가 않은 작업입니다. 그러므로 경제 책을 처음 접하게 되는 초보분들의 경우 앞에서 추천해 드린 세 줄 요약법, 그리고 조금 더 한다면 필사까지만 해도 충분합니다.

3

경제 기사 5대 분야 연결해서 읽기

경제 공부를 위한 도구로써 누구나 쉽게 떠올리는 방법 중 하나는 역시나 '경제 기사 읽기'입니다. 일단 큰 힘 들이지 않고 데이터를 구할 수 있다는 장점이 있고, 그 양 또한 무궁무진할 정도로 많기 때문입니다. 게다가 검색을 통해 나에게 필요한 기사만 골라 볼 수 있기 때문에 가장 쉽게 접근할 수 있는 공부법이기도 합니다. 하지만 그렇다고 해서 경제 기사 읽기가 누구에게나 최고로 좋은 방법일까요? 꼭 그렇지는 않습니다.

그 이유는 크게 두 가지 때문입니다. 하나는 단편적이며 부분적인 내용만 다루는 기사가 많아 큰 그림을 그리는 데 있어서 경제 기사 읽기만으로는 분명한 한계가 있기 때문입니다. 경제 공부 초보의 경우 전체 경제 흐름이나 원리를 이해하는 것이 중요한데, 개별 기사만 계속해서 읽다 보면 원인과 이유는 모른 채 그저 경제 팩트만 많이 아는 헛똑똑이가 될 수 있습니다. 예를 들어 주식형 적립식 펀드의 수익률이 상당히 저조하다는 경제 기사를 읽었는데, 그 원인이 단순히 주식형 펀드만의 문제인지, 아니면 국내 혹은 국제적 투자 환경의 문제인지, 이도 아니라면 금리 인상과 같은 주가에 영향을 미치는 중요 경제 지표의 문제인지, 사실 기사 하나만 읽어서는 판단이 안 됩니다. 정확한 원인 파악을 위해서는 해당 기사 외에 좀 더 해설이 많은 다른 기사, 또는 다른 관점으로 이 문제를 해석하는 기사 등, 여러 의견들을 복합적으로 살펴보아야 합니다. 또 다른 이유로는 경제 기사가 경제적 사건이나 이벤트, 팩트 등을 알려주긴 하지만, 그것이 나의 경제적 상황이나 더 나아가 내가 어떤 식으로 대처해야 하는지, 맞춤식 정보를 주는 것은 아니라는 점 때문입니다. 즉 많은 경우 단편적 상식만을 전달해 주는 것에 그침으로써 우리에게 필요한 현실적, 실질적 도움을 주기에는 한계가 있을 수밖에 없다는 것입니다.

그러나 이같은 단점에도 불구하고 경제 기사 읽기는 경제 공부를 하는 데 있어서 가장 쉽고, 가장 편리하게 접근할 수 있는 방법입니다. 특히 경제 초보들에게는 꾸준히만 실천한다면 일정 수준 이상으로 경제 실력을 키울 수 있는 방법이기도 합니다. 그래서 이번 편에서는 경제 기사를 어떤 방법으로 읽으면 좋은지, 앞서 얘기한 단점들을 극복하기 위해서는 어떻게 해야 하는 지를 알아보도록 하겠습니다. 이 방법은 단순히 경제 상식을 높이기 위한 기사 읽기가 아닌, 경제 기사 뒤에 숨어 있는 경제 흐름과 원리를 이해하는 기사 독해법이라고 할 수 있습니다. 그것은 바로 '경제 분야별 대표 기사 5개 읽기'입니다.

1) 거시 경제(국내) : 국가 경제 전반에 대한 기사 (GDP, 실업, 금리 인상 등)

2) 미시 경제(국내) : 기업과 가계에 대한 기사 (산업별 이슈, 가계 부채 등)

3) 국제 뉴스(해외) : 미국, 중국, 일본, 유럽 등 한국과 관련 있는 국가의 움직임 (미중 무역 전쟁 등)

4) 주식(국내외) : 주식 시장의 주가 추이와 변동 원인

5) 부동산(국내) : 부동산 시장의 추이와 움직임

먼저 국내 기사로는 거시 경제와 미시 경제로 나누어 분야별 대표 기사를 하나씩 읽고, 다음으로는 국제 뉴스를 선별해서 읽습니다. 이때 국제 뉴스라 할지라도 우리나라와 직간접적으로 연결되는 기사를 읽어야 합니다. 그래야 해당 이벤트가 국내

경제에 어떤 영향을 미치는 것인지 파악할 수 있습니다. 그리고 주식과 부동산 관련 대표 기사를 챙겨서 읽어야 하는데, 그 이유는 국내에서 일어나는 모든 투자가 대부분 주식과 부동산에 연결되어 있고, 이것들의 움직임에 따라 경기 흐름이 좌우되기 때문입니다. 더불어서 투자 아이디어를 얻기 위함도 있고요. (물론 투자 아이디어를 논할 정도의 레벨이라면 경제 초보가 아닌 초급 혹은 중급에 해당하는 얘기겠지만요.) 그리고 종이 신문을 통해 기사 읽기를 권장해 드리는데요, 이는 분야별 경제 뉴스를 헤드라인 중심으로 선정하기가 훨씬 좋기 때문입니다. 인터넷 기사만 봐서는 수많은 기사 중 무엇이 이 분야에 해당하는지, 뭐가 중요한 기사인지 아닌지가 파악이 어렵습니다.

이제 예를 들어 말씀드리겠습니다. 아래 기사 제목들은 2019년 7월 29일(월) 하루 동안 나온 경제 기사 중, 분야별 대표 기사 5개의 제목만 추린 것입니다.

1) 거시 경제(국내) : 올 성장률 2.2%, 이대로면 힘들다(파이낸셜뉴스)

2) 미시 경제(국외) : '보이콧 재팬' 하늘길도 강타... 대한항공, 부산~삿포로 중단(중앙일보)

3) 국제 뉴스(해외) : 美가 제시한 '개도국 혜택 박탈' 4대 조건 한국만 모두 해당(매일경제)

4) 주식(국내외) : '4% 급락' 코스닥, 2년 3개월 만에 최저치…
코스피 2020대로 후퇴(서울경제)

5) 부동산(국내) : 은행 금리 줄줄이 인하… '부동산에 돈 몰릴
까' 우려 커져(TV조선)

다섯 개 분야의 경제 기사를 읽음으로써 우리는 다음과 같
은 생각을 해볼 수 있습니다. "일본과의 무역 마찰로 인해 올해
국내 성장률은 2.2%에 그칠 것으로 전망되고, 특히나 관광, 항
공업은 경제적 타격을 많이 받고 있으며, 또한 미국이 개발도상
국들에 부여하던 여러 가지 경제 혜택에서 한국은 더 이상 그
지위를 누릴 수 없어, 그렇지 않아도 안 좋은 국내 경기가 더 악
화될 가능성이 있겠네. 그 여파 때문인가? 주식 시장은 계속해
서 빠지고 있고, 정부에서는 금리 인하를 통해 경기 부양을 하
겠다고는 하는데, 금리 인하를 추가적으로 더 하게 되면 현재
주춤한 부동산 가격이 다시 상승세로 돌아설 가능성도 생기겠
구나." 어떤가요? 독자분들도 이렇게 생각하셨겠죠? 이처럼 다
섯 분야의 기사를 굴비 엮듯 하나로 연결해 생각해 볼 수 있다
면 경제 실력은 빠르게 늘어갑니다.

대표 기사 다섯 가지를 선별하는 방법은 분야별로 사람들
이 가장 많이 읽은 기사나 댓글이 많은 기사 중에서 골라도 되
고, 또는 자신이 관심을 가지고 있는 이슈를 다룬 기사를 선택

해도 됩니다. 다만 여기서 한 가지만 더 추가하자면 경제 기사를 읽을 때 반드시 기사에서 말하고 있는 팩트나 사건, 이벤트 등이 나의 경제생활에 어떤 영향을 미치게 될지 그리고 그 영향을 어떤 식으로 활용할 수 있을지 꼭 생각을 해봐야 한다는 것입니다. 물론 처음에는 쉽지가 않습니다. 하지만 경제 공부 기간이 늘어가게 되면 자연스럽게 해당 경제 기사가 나의 경제 상황과 어떻게 연결되는지 알게 되고, 더불어 그 상황을 어떤 식으로 활용할지 감이라는 게 잡히게 됩니다. 하지만 그때까지는 쉽지 않더라도 의도적으로 경제 기사와 나의 경제 상황을 연결하는 연습을 계속할 필요가 있습니다.

다음 글에서는 조금 더 구체적으로 경제 기사를 읽고 정리하는 방법을 알아보겠습니다.

4

세 줄로 경제 기사 요약하기

앞에서 경제 분야별 대표 기사 5개를 묶어서 읽는 방법을 소개했습니다. 이를 통해 자신의 관심 분야만 공부하게 되는 편식의 문제점을 없애고, 여러 분야의 다양한 경제 기사를 섭렵함으로써 균형 잡힌 경제 공부를 할 수 있다고 말씀드렸습니다. 이번에는 이러한 각각의 경제 기사를 제대로 소화하고 자신의 것으로 만들기 위한 경제 기사 요약법에 대해 말씀드려 보겠습니다.

북리뷰가 책을 통해 얻은 것들을 오랫동안 기억하게 해주는 것처럼 경제 기사 또한 꾸준히 기록을 쌓다 보면 기억에 남는 것은 물론이고 경제 흐름을 읽는데도 속도가 빨라지는 효과를 얻을 수 있습니다. 그리고 여기에 더해 향후 투자를 할 때 객관적 자료로도 활용할 수 있습니다. 하지만 기록하는 것, 더 나아가 습관으로 만드는 것이 어려운 이유는 앞에서도 언급한 것처럼 많은 사람들이 글 쓰는 것 자체를 부담스러워하기 때문입니다. 그래서 북리뷰 때와 마찬가지로 완전한 문장 대신 두세 줄 정도의 요약만 해보는 걸 제안드립니다. 다만 요약 정리를 할 때는 다음과 같이 내용을 구분해서 작성하면 더 깔끔하고 보기 좋은 정리가 됩니다.

1) 기사를 통해 알 수 있는 실제 수치, 이벤트, 상황 등. 객관적 사실 위주로 정리
2) 기사의 결론, 향후 전망 및 느낀 점과 배울 점 정리

만약 기사 하나를 세 줄로 요약한다면 위 두 줄에는 객관적 사실을 정리하고, 마지막 줄에는 결론과 느낀 점 등을 적습니다. 그런데 정리할 내용이 사실 관계의 정리보다 결론과 느낀 점이 더 많은 기사라 판단되면 첫 줄에는 사실 정리만, 그리고 둘째와 셋째 줄에는 배울 점만 나누어 정리해주면 됩니다. (정답은 없으니 독자분들 편의에 맞춰 각자 응용하시면 됩니다.) 구체적 예를 하나 들어 보겠습니다. 조금 길긴 하지만, 아래의 경제 기사를 함께 읽어 보겠습니다.

코스피지수가 2년 9개월 만에 1940선까지 후퇴했다. 코스닥지수도 급락세를 보이며 '사이드카'가 발동하는 등 국내 증시의 '검은 월요일'이 재현됐다. 5일 한국거래소에 따르면 코스피지수는 전 거래일(1998.13) 대비 51.15포인트(2.56%) 하락한 1946.98에 거래를 마쳤다. 이날 코스피지수는 장중 2.64% 하락한 1945.39까지 하락했다. 코스피지수가 종가 기준 1940선으로 후퇴한 것은 지난 2016년 6월 28일(1936.22) 이후 약 3년 1개월 만이다. 장중 기준으로는 2016년 11월 9일(1931.07) 이후 2년 9개월여 만이다. 유가증권시장에서는 개인과 외국인이 각각 4420억 원어치, 3140억 원어치를 순매도하며 지수를 끌어내렸다. 기관은 홀로 7350억 원어치를 순매수했다. (중략) 전문가들은 당분간 증시의 하락장이 지속될 것으로 전망했다. 김형렬 교보증권 리서치센터장은 "일본의 화이트리스트 배제 등 강경한 태도도 10월 천황 즉위식까지는 지속될 것"이라며 "미중 무역분쟁이 해결돼 화해무드로 진입한다 해도 상당한 변동성이 예상되는 만큼 국내 증시는 당분간 부진한 모습이 예상된다"라고 말했다. 그는 "당장 8월에 극적인 반등을 기대하기는 어려울 것"이라고 전망했다. 이경민 대신증권 연구원은 "코스피 2000선 이탈이 가격 조정의 끝이 아닐 것"이라며 "하반기 코스피 밴드 전망치의 하단은 1850포인트"라고 밝혔다. 이경민 연구원은 "자체 성장 동력, 정책 동력이 부재한 상황에서 글로벌 무역분쟁, 경기·정책 불안에 취약

할 수밖에 없기 때문이다"라며 "여기에 일본과의 무역마찰은 가뜩이나 위축된 투자심리를 압박하는 변수"라고 분석했다. 정용택 IBK투자증권 리서치 센터장은 "반등을 노리기 어려운 상황"이라며 "한일 화이트리스트 관련 문제보다 미중 무역분쟁이 더 큰 문제"라고 지적했다. 그는 "미중 무역분쟁이 다시 재기되면서 불확실성이 점차 장기화되는 모습"이라며 "국내 증시의 반등 시점도 점차 뒤로 밀릴 것"이라고 덧붙였다.(뉴시스, 2019.8.5일자)

기사 내용이 긴 만큼 팩트 정리를 두 줄에 걸쳐서 하고, 배울 점이나 생각에 대한 정리를 한 줄로 해보겠습니다. 여러분들도 한번 해보시기 바랍니다. (머릿속으로 생각만 해보셔도 됩니다.) 저는 아래와 같이 정리했습니다.

1) 8/5일 KOSPI 1946.98(전 거래일(1998.13) 대비 51.15포인트(2.56%) 하락), 3년 1개월 만에 1940대.

2) KOSDAQ 569.79(전 거래일(615.70) 대비 45.91포인트(7.46%) 급락), 4년 7개월 만에 560대. 사이드카 발동.

3) 일본 정부의 화이트리스트 & 미중 무역 분쟁 심화가 원인. 불확실성 장기화. 증시 반등 기대 어려움.

아마 독자 여러분들도 저와 비슷하게 작성했을 겁니다. 사실 이런 정리법은 예전에 신입 사원들이 출근하자마자 일간 신문을 스크랩하고 요약 정리해서 메모지를 붙이는 것과 비슷한 방식입니다. 그때는 막내들이 정리한 것을 고참들이 돌려 읽으며 신문 읽는 시간을 절약했죠. 경제 기사를 정리하는 것도 이와 마찬가지입니다. 그리고 이 방법도 처음 시작할 때는 무엇이 핵심이고 무엇이 주변부인지 판단이 어렵기 때문에 시간이 제법 걸리지만, 어느 정도 숙달이 되고 나면 30분, 20분 아래로 시간이 지속적으로 줄어들면서 나중에는 기사 하나를 정리하는데 5분도 채 걸리지 않게 됩니다. 왜냐하면 경제 기사라는 게 대부분 비슷한 유형과 틀을 가지고 있기 때문입니다.

저의 지인 중에 NG라는 닉네임을 가지고 계신 분이 있습니다. 이분은 예전에 저와 같이 경제 공부를 하던 분인데, 본인 스스로 경제 실력을 더 업그레이드하고자 2014년 11월부터 2017년 9월까지 약 2년 9개월간 총 545편의 경제 기사를 요약 정리했습니다. NG님의 기사 요약 정리는 아래와 같은 세 가지 기준을 가지고 있었습니다.

1) 요약 : 전체 기사 내용 정리
2) 후기 : 느낀 점, 생각할 점, 자신의 의견 등
3) 인용 : 읽었던 경제 도서 중 연관된 내용 인용

미리 밝히지만 이대로 따라 하기란 정말 쉽지가 않습니다. 오랜 기간 연습과 실력이 쌓여야만 위와 같은 요약 정리가 가능합니다. 당연히 초반에는 시간이 오래 걸릴 수밖에 없고요. 그럼에도 불구하고 제가 NG님의 사례를 소개하는 이유는 독자분들도 꾸준히 경제 기사 읽기와 세 줄 요약을 하다 보면 누구나 이 정도 수준까지는 올라설 수 있다는 말씀을 드리고 싶기 때문입니다.

우리가 경제 공부를 통해 도달하고자 하는 목적지는 경제의 흐름을 파악하고, 그 흐름에 맞춰 행동할 줄 알며, 더 나아가 자신의 경제생활에 작은 보탬이 되고자 합입니다. 지금부터라도 경제 기사를 읽고, 세 줄로 요약하는 행동에 나서보기 바랍니다.

5

경제 지표 체크와 '뉴욕 마감' 기사 읽기

앞서 경제 기사를 어떻게 읽어야 하는지, 그리고 정리와 요약은 어떻게 해야 하는지에 대해 알아봤는데요, 이번 편에서는 경제 지표를 주제로 이야기 나누어 보겠습니다.

　우리는 자본주의 시대를 살아가고 있습니다. 자본주의란 돈 (자본)이 가장 중요시되고 중심이 되는 체제입니다. 돈은 우리 몸의 혈액처럼 사회 곳곳을 다니며 특정 물건이나 서비스와 교환되는 용도로 사용됩니다. 이처럼 돈의 흐름으로 만들어진 체계를 경제 시스템이라고 부릅니다. 경제 시스템은 자본주의가 만들어낸 메커니즘이라고 할 수 있는데, 여기서 중요한 것은 경제 시스템이 어떤 상황일 때 어떤 식으로 변화하는지 그 흐름을 파악하는 것이라 할 수 있습니다. 왜냐하면 그 흐름에 따라 경제는 호경기와 불경기를 교차하며 계속해서 움직이기 때문입니다. 이때 돈의 흐름을 쫓아 움직일 수 있어야 내가 부자가 되고, 우리 회사가 잘 된다는 것은 너무나도 자명한 일입니다.

우리가 경제 공부를 한다고 했을 때, 돈의 흐름을 파악하고 읽을 줄 알아야 하는 이유도 바로 이 때문입니다. 개인적으로는 내 집 마련, 저축, 보험, 펀드와 같은 금융 상품 투자, 그리고 연말 정산, 절세, 안정적인 노후 대비 등을 위해서 알아야 하고, 기업 입장에서는 시장의 수요와 트렌드를 예측해서 상품이나 서비스를 잘 팔기 위해서 경제 흐름을 알아야 합니다. 그렇다면 경제 흐름을 가장 잘 파악할 수 있는 방법으로는 어떤 것이 있을까요? 제가 독자 여러분께 추천해 드리는 방법은 경제 지표를 체크하는 방법입니다.

경제 지표는 경제 흐름을 수치로 보여주는 신호라 할 수 있습니다. 현재의 경제 움직임을 보여주는 각종 지수를 말하는데 금리, 주가, 환율, 유가 등이 대표적입니다. 금리, 환율 이런 거 나오면 나랑은 왠지 거리가 먼 것 같다는 생각도 드실 텐데요, 처음엔 잘 모르더라도 꾸준하게 지표를 접하다 보면 '아, 경기가 안 좋아지고 있구나' 혹은 '물가가 많이 올라 생활이 더 힘들어지겠구나' 등의 실물 경제가 보내는 신호를 빠르게 알아차릴 수 있습니다. 그러니 너무 걱정하지 않으셔도 됩니다. 생물학과 출신인 저도 매일 브리핑을 하면서 깨친 것처럼 여러분도 꾸준히 보다 보면 자연스레 지표 간의 상관관계나 지표가 의미하는 실물 경제의 흐름을 파악할 수 있답니다. 자, 그러면 경제 지표 각각에 대해 간단히 알아볼까요?

1) 금리(金利) : 원금에 지급할 이자를 비율로 표시한 수치
2) 주가(株價) : 주식 시장에서 거래되는 개별 주가를 모아 전체 수치로 표시한 지표
3) 환율(換率) : 한 나라의 화폐와 외국 화폐와의 교환 비율
4) 유가(油價) : 석유의 거래 가격

여기까지는 다들 알고 있을 텐데요, 그럼 하나씩 설명해 보겠습니다. 금리는 다른 말로 하면 '돈의 가치'라 할 수 있습니다. 금리가 올라간다는 의미는 한마디로 돈의 가치가 높아진다는 뜻입니다(더 많은 이자를 받을 수 있음으로). 반대로 금리가 내려간다는 것은 돈의 가치가 낮아진다는 것을 의미합니다. 2020년 5월 말 기준 우리나라의 기준 금리는 0.50%로 역사적 최저점을 기록하고 있습니다. 물론 코로나19라고 하는 돌발 변수에 의한 것이긴 하지만, 이전 기준 금리 또한 0.75~1.25%밖에 되지 않았다는 점을 생각하면 저금리 추세가 계속해서 이어져 오고 있음

을 알 수 있습니다. 이는 과거 3~5% 금리 때와 비교하면 돈의 가치가 정말 많이 떨어져 있다는 것을 의미하며, 장기적으로는 물가가 가파르게 오르는 인플레이션을 유발할 수도 있다는 것을 의미합니다.

두 번째로 주가는 경기선행지수 역할을 하는 선발대라 할 수 있습니다. 경기선행지수란 경기가 좋아질지 아니면 나빠질지를 예측해 볼 수 있는 지표로써, 주가가 일정 기간 계속해서 오르게 되면 향후 경기가 좋아질 것으로 예측할 수 있고, 반대로 주가가 내려가는 상황이면 경기 전망도 그다지 밝지 않다고 볼 수 있습니다. 또한 주가는 금리가 상승할 경우 반대인 아래로 떨어지는 경향이 있는데, 이는 현행 금리가 높아진다면 사람들이 굳이 위험한 주식 투자 대신 상대적으로 안전한 은행에 넣어두는 게 낫다고 생각하기 때문입니다. 그런 사람들이 많아지면 당연히 주가는 하락하게 될 것이고요.

세 번째로 환율은 두 나라 간 화폐의 교환 비율입니다. 미국 화폐 1달러는 약 1,238원(2020년 5월 29일자 매매기준율)입니다. 이 (원달러)환율은 국가 간 무역에 매우 중요한 역할을 담당하는데, 예를 들어 환율이 상승(1$ = 1,200원 → 1,300원)하게 되면 한국의 수출 기업 입장에서는 똑같은 1달러를 수출하고도 100원을 더 벌 수 있다는 뜻이 됩니다. 게다가 추가 수익 100원에서 50원만큼 가격을 인하하여 수출할 경우 더 많은 물량을 판매할 수 있기 때문에 기업 입장에서는 매출을 더 늘릴 수도 있습니다. 이런 이유로 환율 상승은 수출 기업에 여러모로 이득(반대로 수입을 전문으로 하는 회사에는 부담으로 작용합니다)이 됩니다. 국가 간에는 자국의 수출량을 늘리기 위해 환율을 의도적으로 올리는(자국 화폐 가치를 낮추기 위해) 경우가 있는데, 최근에는 이 때문에 분쟁을 넘어 환율 전쟁으로 이어지는 경우도 있습니다.

마지막으로 유가는 말 그대로 석유의 거래 가격입니다. 유가 상승에는 크게 두 가지 케이스가 있는데, 하나는 글로벌 경기가 좋아져 석유 사용량이 늘어나는 것이며, 다른 하나는 석유를 생산하는 산유국들이 가격을 올리기 위해 일부러 담합을 하는 경우입니다. 반대로 산유국들이 자국의 석유를 많이 팔기 위해 공급량을 늘리거나, 코로나와 같은 예기치 못한 사태로 인해 경기 침체가 이어지게 될 때는 유가가 아래로 방향을 틀게 됩니다. 이외에도 유가는 중동의 지역분쟁이나 각 국가 간 석유를 둘러싼 정치적 암투에 의해 요동치기도 하는 만큼 언제나 뜨거운 감자로 등장하는 경제 지표이기도 합니다.

경제 지표는 네이버나 다음과 같은 포털 사이트, 인베스팅닷컴과 같은 경제 관련 사이트 등에서 확인할 수 있습니다. 하지만 그저 눈으로 보는 것과 자신이 직접 지표를 챙겨보는 것에는 큰 차이가 있습니다. 이는 영화를 보는 관객과 직접 영화에 출연하는 배우의 입장만큼이나 크다고 할 수 있습니다. 그렇기 때문에 경제 흐름의 변화를 직접 체감할 수 있는 효과를 얻고자 한다면, 반드시 자신의 손으로 직접 경제 지표를 체크하는 것을 추천합니다. 그렇다면 경제 지표 체크는 어떻게 할까요? 아주 간단합니다. 표 하나를 만든 후 날짜를 쓰고, 매일 우리나라와 미국의 기준 금리, 그리고 주가/환율/유가를 하루 한 번씩 기록해 주기만 하면 됩니다. 이런 식으로 말이죠.

2020년 3월 2일 : 코스피 / 다우지수 / 환율 / 유가
2020년 3월 3일 : 코스피 / 다우지수 / 환율 / 유가

쉽죠? 다만 여기에는 금리가 빠져 있는데, 기준 금리는 다른 지표와 달리 매일 변화하는 지표가 아니기 때문에 별도의 표를 만드는 것이 좋습니다. 이것도 귀찮고, 그냥 표 하나로 정리하시고 싶은 분은 금리까지 추가하여 매일 총 여섯 개의 지표를 업데이트해주면 됩니다.

2020년 3월 2일 : 코스피 / 다우지수 / 환율 / 유가 / 한국 금
　리 / 미국 금리
2020년 3월 3일 : 코스피 / 다우지수 / 환율 / 유가 / 한국 금
　리 / 미국 금리

아래가 실제로 매일 기록한 모습입니다.

2020년 3월 2일 : 2,002 / 26,703 / 1,194 / 46.75 / 1.25% /
1.50~1.75%
2020년 3월 3일 : 2,014 / 25,917 / 1,193 / 47.18 / 1.25% /
1.00~1.25%

엑셀 프로그램을 활용하여 이런 식으로 정리를 하다 보면 조금만 지나도 상당한 양의 데이터가 쌓이게 됩니다. 매일 매일의 변화가 무척 미세한 지표도 있기 때문에 데이터가 많아지게 되면 큰 흐름과 경향성을 한눈에 파악하는 게 쉽지 않을 수 있습니다. 이런 경우 월 단위로 데이터를 끊어서 보게 되면 전체 흐름이 한눈에 들어옵니다. 또한 엑셀을 좀 하는 분이라면 이 데이터들을 그래프로 변환해서 보면 그 경향성을 좀 더 시각적으로 확인할 수 있습니다.

그래프를 활용해서 데이터를 보는 습관은 무척 중요한데, 경제 공부 초보자들이 호소하는 어려움 중 하나가 뉴스에 나오는 통계 자료만 봐도 기가 죽는다는 것입니다. (그래서 이 책에서도 일부러 표/그래프는 가급적 빼고 글로만 설명하고 있습니다.) 통계 자료는 어려운 얘기를 쉽게 풀기 위해 시각적으로 표현한 것인데, 초보자들에게는 오히려 난공불락의 성처럼 느껴집니다. 그 이유는 그래프를 보는 게 익숙지 않기 때문입니다. 그래서 매일의 경제 지표를 기록하는 것과 더불어 그래프로 전환해 보는 연습을 해보는 것이 중요합니다.

그리고 경제 지표 체크와 함께 딱 한 가지 더해볼 것이 있습니다. 그것은 매일 아침 '뉴욕 마감' 기사를 읽는 것입니다. 뉴스 검색에서 '뉴욕 마감'이라고 입력하면 되는데요, 통상 아침 6시 정도면 기사가 업로드됩니다. 여기에는 전날 미국 금융 시장의 주요 지표부터 미 대통령의 행적, 글로벌 경제 이벤트 및 사건 사고, 미국 주요 기업 상황, 금리 움직임, 달러, 유가 및 금 가격의 변화 등 지난밤 동안 있었던 경제의 중요 이슈들이 거의 총망라 되어 있습니다. 경제 책 읽기나 기사 읽기와 마찬가지로 '뉴욕 마감' 기사도 처음 보게 되면 그냥 무슨 숫자의 나열 같기도 하고 금방 이해가 안 됩니다. 하지만 이것도 계속해서 읽다 보면 일정한 패턴이 보이고, 어느 순간이 되면 저절로 이해가 되는 경험을 할 수 있습니다. 이때부터는 쉬워집니다. 그리고 기사를 읽으며 동시에 경제 지표까지 정리하다 보면 분야별 실제 수치들이 왜 그렇게 변하게 되는지 기사의 이슈를 통해서도 금방 확인할 수 있어 하루를 여는 경제 공부로는 아주 좋은 소재가 됩니다. (참고로 우리 나라 시장의 경우 '마감 시황'이라고 검색해보면 됩니다.)

다음 편에서는 각 경제 지표 간의 상관 관계에 대해 조금 더 알아보고자 합니다. 이론에 해당하는 내용이라 조금 어려울 수도 있겠지만 경제 공부에서 가장 중요한 기본 개념인 만큼 꼭 한번은 짚고 넘어가야 합니다. 이 책뿐만 아니라 제가 추천해 드린 다른 책도 참고하고, 검색도 해보시면서 이해력을 높여 가면 좋을 것 같습니다.

6

4대 경제 지표 상관 관계 이해하기

이전 글에서 4대 경제 지표(금리, 주가, 환율, 유가)를 엑셀에 매일 기록하는 방법, 동시에 '뉴욕 마감' 기사를 함께 읽는 방법에 대해 말씀드렸습니다. 이번 편에서는 각 경제 지표들 사이의 흐름을 읽는 방법에 대해 말씀드리겠습니다.

먼저 결론부터 말씀드리자면, 실물 경제는 항상 경제 이론 대로 움직이지 않는다는 것입니다. 즉 학교에서 배운 대로 혹은 다른 경제학 교본에 나와 있는 대로 그렇게 이론적으로 흘러가지가 않습니다. 그러면 교과서는 왜 필요하고 원리는 무엇 때문에 중요하냐고 반문하시는 분들도 계실 건데요. 그것은 기본기 때문입니다. 경제 현상을 이해하기 위해서는 먼저 기본기를 탄탄히 다지고, 이후 다양한 변수에 따라 움직이는 실물의 흐름을 분석할 줄 알아야 합니다. 그저 이론대로 혹은 이론에 대한 이해도 없이 덤비게 되면 계속해서 원칙 없는 공부만 하게 됩니다.

맨 먼저 금리부터 알아보겠습니다. 미국의 기준 금리 변화 추이를 가지고 설명하겠습니다. (경제 초보분들이 어려워할 수 있는 그래프는 딱 한 번만 사용하겠습니다.)

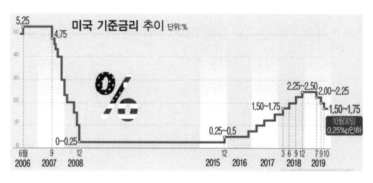

그림 - 2006년~2019년 미국 기준 금리 추이 (출처 : 뉴시스)

위 그림은 2006년부터 2019년 10월까지 미국의 기준 금리 추이를 보여주는 그래프입니다. 2006년 6월 5.25%로 고점을 유지하던 미국 기준 금리는 글로벌 금융 위기의 전조가 보이던 2007년 9월 4.75%로 0.5%씩 하락을 시작하다, 2007년 말에는

4.25%까지 떨어지게 됩니다. 그리고 본격적인 글로벌 금융 위기가 터지며 2008년 미국의 기준 금리는 추락에 추락을 거듭, 2008년 말에는 0~0.25%까지 떨어짐으로써 본격적인 제로 금리 시대를 맞이하게 됩니다. 이와 동시에 미국 정부에서는 경기 부양을 위해 수조 달러에 이르는 천문학적인 돈을 시중에 풉니다(왜 이렇게 했는지는 아래에서 설명하겠습니다). 그렇게 제로 금리가 쭉 이어지다 2015년 12월 미연방은행에서는 드디어 인플레이션의 우려가 있다는 진단하에 0.25%~0.50%로 금리 인상을 단행함으로써 제로 금리 시대를 마감하게 됩니다. 그리고 매해 1~3회씩 꾸준히 금리를 올림으로써 2018년 말에는 2.25~2.50%까지 금리가 올라갑니다. 하지만 2019년 7월부터는 다시 불경기의 조짐이 보인다 판단하고서 조금씩 금리 인하를 단행, 10월 말에는 1.50~1.75%까지 금리가 떨어집니다. 그래프에 나와 있진 않지만 2020년 들어와 미연방은행에서는 코로나19로 인한 실물 경기 침체에 대응하기 위해 파격적이다 못해 충격적인 금리 인하를 시행하는데, 3월 3일과 15일 2회에 걸쳐 무려 1.50%의 금리를 낮춤으로써 기준 금리를 다시 글로벌 금융 위기 때와 같은 제로 금리 수준으로 만들어 버립니다.

지난 편에서 금리를 다른 말로 '돈의 가치'라고 이야기했습니다. 즉 금리가 올라가면 돈의 가치가 높아지게 되며, 반대로 금리가 내려가게 되면 돈의 가치는 낮아진다고 말씀드렸습니다. 2008년 글로벌 금융 위기 때 미국이 금리를 제로까지 낮춘 이유는 돈의 가치를 낮춤으로써 사람들이 저축 대신 더 많은 소비를 하게 만들어 경기를 부양하기 위해서였습니다. 천문학적인 돈을 투입한 양적 완화 조치 또한 돈의 가치를 낮추기 위함이었고요. 여기서 '양적 완화'란 시장에 돈의 공급량을 늘린다는 의미인데, 그 방법으로는 기발행된 국공채나 여러 다양한 금융 자산을 정부가 직접 매입하는 방식(코로나19 극복을 위해 정부에서 각 개인들에게 직접 지원한 재난지원금 또한 양적 완화의 한 방법이라 할 수 있습니다)이 주로 사용됩니다. 경제학 이론대로만 생각한다면 시중에 돈이 많이 풀리고, 금리가 낮아지게 되면 돈의 가치는 하락하게 됩니다. 이 경우 경기가 좋아지고 주가에도 긍정적인 영향을 미치게 되며, 많은 사람들이 낮아진 금리 때문에 이자를 많이 받을 수 없게 되면서 저축 대신 소비를 하거나 다른 곳(예를 들면 주식 혹은 부동산 투자)에 돈을 쓰게 됩니다. 그래서 금리와 주가의 관계는 아래와 같습니다.

금리(돈의 가치) 하락 → 주가 상승

또한 일반적으로 금리가 낮아지게 되면 금, 부동산, 유가와 같은 현물 자산은 그 가치가 올라가게 됩니다. 즉 현물의 가격을 의미하는 물가(物價)가 오르게 되는 거죠.

금리(돈의 가치) 하락 → 현물(금, 부동산 등) 가격 상승

이번엔 금리와 환율의 관계를 볼까요? 돈(원화)의 가치가 떨어진다는 것은 외국인 입장에서 1달러(USD)로 얻을 수 있는 원화가 더 많아진다(달러가치 상승)는 뜻입니다. 이런 경우 우리는 환율이 올랐다고 하죠. 즉, 금리가 낮아지게 되면 환율은 오르는 것이 정석입니다.

한국 금리 하락 -> 원화가치 하락 → 원달러 환율 상승(달러가치 상승)

만약 한국 금리는 그대로 있고 미국 금리만 하락하게 되면 어떻게 될까요? 앞서 얘기한 것과는 반대로 되겠죠. 원달러 환율은 다음과 같이 움직이게 됩니다.

미국 금리 하락 -> 달러가치 하락 → 원달러 환율 하락(원화가치 상승)

자 그렇다면 과연 현실에서도 이처럼 이론대로 움직였을까요? 각 경제 지표의 실제 수치로 확인해 보겠습니다. 미국 금리 변화에 따른 주가, 유가, 환율 등 각 경제 지표 추이입니다.

2007년 : 4~4.25%(금리) / 13,264포인트(주가)

2008년 : 0~0.25%(금리) / 8,776포인트(주가)

2015년 : 0.25~0.5%(금리) / 17,425포인트(주가)

2018년 : 2.25~2.5%(금리) / 23,327포인트(주가)

먼저 미국 주가부터 살펴보겠습니다. 2007년 말 4~4.25%의 금리일 때 미국 주가(다우지수)는 13,264 포인트였습니다. 하지만 2008년 말 제로 금리로까지 떨어지는 동안 미국 주가(다우지수)는 오히려 8,776 포인트로 무려 34%의 하락률을 보였습니다. 경제 이론과는 반대의 움직임을 보인 겁니다. 7년 후인 2015년 말에는 제로 금리에서 벗어나 2018년 말까지 꾸준히 금리가 상승하여 2.25~2.5%까지 올라가게 됩니다. 금리가 올라가면 주가는 이론적으로 하락하는 것이 맞습니다. 하지만 실제로는 주가가 계속해서 상승하는 모습을 보였으며 심지어 역사적 고점까지도 찍었습니다.

이번에는 미국 서부 텍사스산(WTI) 유가를 보겠습니다. 유가는 현물이기 때문에 금리와 반대로 움직여야 하는데, 실제로 그렇게 움직였을까요?

2007년 : 4~4.25%(금리) / 95.98달러(WTI, 배럴당 가격)

2008년 : 0~0.25%(금리) / 44.60달러(WTI, 배럴당 가격)

2015년 : 0.25~0.5%(금리) / 37.04달러(WTI, 배럴당 가격)

2018년 : 2.25~2.5%(금리) / 45.41달러(WTI, 배럴당 가격)

2008년 말 제로 금리까지 떨어졌는데, 현물인 유가는 높은 상승을 보이는게 아니라 반 토막에 가까운 47%의 하락률을 기록합니다. 경제 이론과는 완전히 반대로 움직였습니다. 이는 2015년 이후의 금리 상승기에도 그대로 이어지는데, 금리가 상승함에도 불구하고 유가도 같이 상승세를 탔습니다.

마지막으로 환율을 볼까요?

2007년 : 4~4.25%(금리) / 932원(원달러 환율)
2008년 : 0~0.25%(금리) / 1,310원(원달러 환율)
2015년 : 0.25~0.5%(금리) / 1,177원(원달러 환율)
2018년 : 2.25~2.5%(금리) / 1,116원(원달러 환율)

미국 금리를 낮추게 되면 달러의 가치도 함께 떨어지는 것이 정상입니다. 순방향의 연관성을 가지고 있기 때문이죠. 이에 따라 원달러 환율은 올라가야 하고요(원화가치 상승). 하지만 보시는 것처럼 금리가 내릴 때 오르고, 반대로 오를 땐 내리는, 마치 청개구리와 같은 움직임을 보여주고 있습니다.

물론 모든 경제 현상을 금리만 가지고서 풀 수는 없습니다. 각 경제 지표의 움직임은 정치, 경제, 사회, 이벤트, 국가 간 알력, 무역 상황 등 수많은 요소들이 얽히고 설키며 만들어내는 수치라 한 가지 요소만 가지고 풀어낸다는 것은 교과서에서나 가능한 이야기입니다. 그렇다면 우리는 어떻게 해야 제대로 경제 지표를 이해할 수 있을까요?

우리가 엑셀에 기록했던 표를 생각하며 실제 경제 흐름에 대해서 이해하는 법을 살펴보겠습니다. 2015년 12월 16일은 미 연방은행에서 미국 금리에 대해 7년간의 제로 금리를 종결하고 0.25% 인상을 시킨 날입니다. 16일 당일부터 18일까지 금리 인상(달러가치 상승)으로 인해 미국 다우지수는 하락(금리인상 당일만 상승)하고, 원달러 환율은 올랐으며 WTI 유가는 떨어졌습니다. 이는 정확히 금리 인상에 따른 경제 이론상의 움직임과 일치하고 있습니다.

달러 금리 인상 → 달러 가치 상승

→ (원달러)환율 상승(미국주가 하락, WTI(현물) 하락)

하지만 이는 우연의 일치라 할 수 있습니다. 물론 금리 인상이 경제 지표에 영향을 미칠 수는 있겠지만, 금리 하나 때문에 실물 경제가 이론대로 움직였다고 하기에는 부족함이 있을 수밖에 없습니다. 그래서 각 경제 지표의 실제 움직임을 이해하기 위해서는 반드시 당일의 '뉴욕 마감' 기사까지 함께 봐야 합니다.

뉴욕 증시가 기준 금리 인상에도 불구하고 일제히 1% 넘게 급등했다. 금리 인상이 이미 주가에 상당수 반영돼 있었던 반면 내년 금리 인상 속도가 더 늦춰질 것이란 전망에서다. (중략) 국제유가(WTI)는 미국의 원유 재고가 예상보다 크게 증가했다는 소식에 일제히 급락했다. 이날 미국 에너지정보청(EIA)은 지난주(~12월 11일) 미국의 원유재고가 480만 배럴 증가했다고 밝혔는데, 이는 140만 배럴 감소를 예상한 전문가들의 예상과는 정반대 결과다. (뉴욕 마감 기사)

기사에 의하면 미국 기준 금리가 7년 만에 0.25% 올랐지만 이미 예견된 일이었고, 그로 인해 시장은 별 영향이 없었다는 것이 전체적인 요지입니다. 오히려 앞으로 금리 인상 속도를 점진적으로 진행하겠다는 미연방준비제도이사회(FRB)의 발표가 더 영향력이 있었다고 얘기하고 있습니다. 즉 급격한 금리 인상에 대한 두려움이 어느 정도 해소되었기 때문에 금리 인상이 단행된 당일에 주가는 오르고, 환율은 떨어지게 된 것이라 볼 수 있습니다. 하지만 유가는 전일보다 4.9%나 떨어졌는데, 이는 기사의 내용처럼 미국 원유 재고가 예상보다 훨씬 많은 양을 기록했기 때문입니다. 즉 금리 인상과는 거의 무관하게 움직였다 볼 수 있죠. 이처럼 경제 지표의 수치에는 각각의 의미가 담겨 있으며, 그 변동에는 반드시 이유가 있습니다. 숫자 안에 담긴 의미를 제대로 이해하기 위해서는 꼭 그 뒤편에서 일어나고 있는 경제 상황들을 체크하고 확인하는 작업이 필요합니다. 이를 위해 매일 아침 '뉴욕 마감' 기사를 읽어야 하는 거고요.

하루하루 기사를 읽고, 경제 지표를 꾸준히 기록하다 보면 어느 순간 경제의 큰 흐름이 눈에 들어오기 시작합니다. 경제 지표들이 오르락내리락 계속 변동하는 와중에 큰 방향성도 읽을 수 있게 되고요. 경제 지표를 기록하고 정리하는 방법은 가장 지루하고 재미없는 방법이지만, 또 한편으로는 가장 효과적인 방법입니다. 최소 3개월만 실천해 보시기 바랍니다. 그러면 효과를 조금씩 느끼게 되고, 6개월을 지나 1년을 넘기면 독자분들은 어느 곳에 가서도 경제 분야에 대해 빠지지 않는 사람이 되어 있을 겁니다. 소싯적 제가 일일 경제 지표 보고를 통해 실력을 쌓았던 것처럼 말이죠.

7

특집 기사, 경제 관련 다큐멘터리 보기

2016년 3월 9일, 전 세계의 엄청난 이목이 서울 광화문에 위치한 한 호텔에 몰렸습니다. 세기의 이벤트라 할 수 있는 '인공 지능'과 '인간'의 두뇌 대결이 벌어지고 있었기 때문입니다. 물론 그전에도 가끔 유사한 대결이 이뤄지곤 했지만, 이번만큼은 달랐습니다. 인공 지능의 수준이 예전과는 비교가 되지 않을 정도로 높아졌을 뿐만 아니라 그동안 인간의 영역이라 할 수 있었던 바둑에 인공 지능이 도전한다는 특수성 때문이었죠. 대결의 주인공은 구글에서 개발한 인공 지능 알파고, 그리고 한국의 대표 프로기사 이세돌 9단이었습니다. 이들의 진검승부는 첫째 판부터 불꽃을 튀겼지만, 최종 결과는 아쉽게도 4 대 1 알파고의 승리로 끝나고 말았습니다. 이후 인공 지능은 모든 뉴스의 메인 이슈가 되었습니다. 그리고 사람들의 관심은 온통 인공 지능에 쏠렸죠. 하지만 일반인들이 인공 지능을 제대로 이해하기란 쉽지가 않습니다. 특히 머신러닝, 딥러닝, 알고리즘 등. 이런 용어들이 쏟아져 나오면 인공 지능에 대한 체계적 이해는 전문가들의 영역이 되고 맙니다. 대학에서 생물학을 전공하고 취업 후엔 10년 이상을 재무팀에서 일하던 저는 어땠을까요? 저 또한 인공 지능에 대해선 까막눈이나 다름없었습니다. 그동안의 경력, 경험은 아무런 소용이 없었죠.

저는 인공 지능과 관련된 공부를 해야겠다고 결심하고서 두 가지를 실행했습니다. 하나는 인공 지능 관련 책을 구해서 읽는 것이고, 다른 하나는 관련 경제 기사 특히 신문의 특집 또는 기획 연재물을 찾아서 읽는 것이었습니다. 그렇게 두 가지 방법을 병행하자 어렴풋하게나마 뭔가 실마리가 보이는 듯했습니다. 그리고 내친김에 공부 결과를 바탕으로 제 생각을 덧붙여 글을 쓰기 시작했습니다. 매주 한 편씩, 약 두 달 반에 걸쳐 총 10편의 칼럼을 쓰기 시작했습니다. 사실 완벽한 준비도 없이 시작한 까닭에 쉽지 않은 도전이었습니다. 하지만 전문가가 아닌 만큼 책과 특집 기사를 통해 알게 된 것들을 더욱 쉽게 풀어본다는 생각으로 글을 썼고, 글을 쓰는 와중에도 부족한 점을 보완하기 위해 더 많은 자료를 검색했습니다. 그러다 보니 예상보다 훨씬 더 많은 것을 배우게 되었고, 인공 지능에 대한 제 나름의 의견과 결론까지도 끌어낼 수 있게 되었습니다. 마지막 글을 끝낸 후에는 개인적으로 무척이나 뿌듯함을 느끼기도 했습니다. 인공 지능에 대해 아무것도 모르던 문외한이 인공 지능과 관련된 연재 글까지 쓸 수 있었으니까요. (제 칼럼의 수준이 궁금하다고요? 그렇다면 저자 소개란에 안내된 제 브런치에서 '인공 지능 창의성'을 검색해보세요.)

경제 기사를 읽고 정리하는 것은 경제 공부에 있어서 필수적인 과정입니다. 그러나 일정 시간이 흐르고 나면 안타깝게도 경제 기사만으로는 더 이상 경제 실력이 늘지 않는 한계에 부딪히게 됩니다. 그 이유는 단편적 학습의 역효과 때문입니다. 즉 기본 단계만 반복하다 보면 기본 수준에서만 계속 머무른다는 것입니다. 이럴 때는 제가 인공 지능에 관해서 공부했던 것처럼 특집으로 편성되는 기획, 심층 연재 기사를 놓치지 않고 읽어보는 것이 중요합니다. 대개 2~4편, 긴 경우 10편에 이르기까지 특집 기사는 한 가지 주제에 대해 상당히 깊은 관점과 구체적 내용을 담고 있습니다. 기사에 따라서는 전문 기자는 물론이고, 현업 전문가나 대학교수 같은 분들의 기사가 이어지기도 합니다. 마치 책 한 권 이상의 분량을 요약해 놓았다 싶을 정도로 폭넓은 내용을 만날 수도 있습니다. 예를 들어보겠습니다. 2019년부터 정보통신 분야의 핫 이슈는 5G 즉, 5세대 통신입니다. SK 텔레콤을 비롯한 LG유플러스, KT의 통신 3사 모두 5G에 엄청난 공을 들이고 있습니다. 자, 그렇다면 5G의 정의는 무엇이며, 5G가 만들어낼 될 우리 삶의 변화는 무엇일까요? 그저 4G(LTE)에 비해 단지 20배 정도 더 빠른 속도를 가진 통신 시스템으로만 알고 있어도 될까요? 이러한 의문에 대답하기 위해서 할 수 있는 가장 쉬운 방법은 경제 기사 검색 혹은 인터넷 포털의 백과사전이나 경제 사전을 찾아보는 것입니다. 하지만 이 방법은 말씀드린 것처럼 깊이 있는 지식을 제공해주지 못하는 단점이 있습니다.

자, 그렇다면 실제 5G와 관련된 특집 기사를 한번 만나볼까요? IT 전문 인터넷 신문사인 디지털데일리에서는 창간 14주년 기념으로 아래와 같이 총 8편의 5G 특집 기사를 연재했습니다.

1) 5G 시대는 세상을 어떻게 바꿀까

2) 홀로그램이 현실로, 5G로 달라지는 통신 세상

3) 5G 시대, 게임 산업 지형에도 격변

4) 매장이 집안으로, 5G 이커머스 중심, VR·AR 콘텐츠로 옮긴다

5) 5G, 반도체·디스플레이 '슈퍼 사이클' 이끈다

6) 5G 시대, 산업지형 뒤바꿀 '킬러 앱'은?

7) 화려한 청사진에 가려진 '보안 부재'

8) 5G 시대, 뱅킹서비스 어떻게 진화할까

회차별 제목만 보더라도 이 연재 기사가 전반적으로 어떤 내용을 다루고 있는지 알 수 있습니다. 첫 편에서는 5G의 등장이 세상을 어떻게 변화시키는지 전체적인 조망을 합니다. 2편부터 6편까지는 분야별로 조금 더 상세한 이야기를 하고 있습니다. 그리고 7편에서는 5G 시대에 생길 수 있는 보안 문제, 마지막 편에서는 뱅킹 서비스의 진화를 다루고 있습니다. 이 특집 기사만 제대로 읽고 공부해도 5G뿐만 아니라 5G와 관련된 산업과 환경의 변화까지도 파악할 수 있습니다. 더불어 5G 관련 뉴스를 이해하고, 자신의 의견을 피력하는 데 부족함이 없을 것입니다. 이처럼 특집 기사는 사회적으로 핫이슈가 되고 있는 키워드나 주제에 대해 조금 더 깊이 있고, 구체적인 공부를 해야할 때 꽤 유용합니다.

여기에서 하나 더 나아가 TV 다큐멘터리 프로그램을 시청하는 것도 권해드리고 싶습니다. 예를 들어 『자본주의』라는 EBS 다큐프라임 다큐멘터리는 총 5부작으로 제작되어 있는데(같은 제목으로 책도 출간되어 있습니다) 자본주의에 대해 꽤 다양하고 상세한 내용을 다루고 있습니다. 이것만 시청해도 자본주의의 여러 숨겨진 비밀들에 대해 알 수 있게 됩니다. 이 다큐멘터리는 막연하게만 알고 있던 자본주의에 대해 다시 한번 곰곰이 생각하도록 도와주는 꽤 괜찮은 프로그램입니다. 방송으로 경제 공부를 한 다음에도 책을 읽었을 때와 마찬가지로 반드시 시청 소감을 기록해두면 좋습니다.

제가 추천해 드리는 다큐멘터리 리스트를 추가로 올려드립니다. 책 읽는 게 힘들고 출퇴근길에 핸드폰으로 다큐멘터리를 보며 경제 공부를 하고 싶은 분들은 여기 소개해드리는 다큐멘터리 몇 개만 보셔도 큰 도움을 얻을 수 있습니다. 유튜브에서 검색만으로도 즉시 시청 가능한 것들로 엄선했습니다.

KBS 걸작 다큐멘터리 ≪돈의 힘≫(6부작(BBC), 2008년)

KBS 특선 다큐 ≪월 스트리트≫(10부작(CCTV), 2011년)

EBS 다큐프라임 ≪앙트레프레너 – 경제 강국의 비밀≫(6부작, 2016년)

EBS 다큐프라임 ≪경제 대기획 – 빚≫(3부작, 2019년)

EBS 다큐프라임 ≪뇌로 보는 인간 1부 – 돈≫(2020년)

연합인포맥스 경제 다큐멘터리 ≪기로에 선 저금리 시대≫(2018년)

레이 달리오 ≪경제를 쉽게 이야기하다≫(2013년)

이외에도 시간적 여유가 있다면 『빅 쇼트(Big Short)』(2016

년),『인사이드 잡(Inside Job)』(2011년),『국가 부도의 날』(2018년)
과 같은 경제 영화도 한번 보시기 바랍니다. 경제에 대한 보다
다양한 관점을 얻을 수 있답니다.

8

나만의 경제 단어장 만들기

퀴즈 하나 드리겠습니다. 아래는 경제 책이나 기사에 종종 등장
하는 경제 용어들인데, 혹시 이 중 몇 가지나 정확히 알고 있는
지 체크해 보시기 바랍니다.

1) 하인리히 법칙(Heinrich's law)

2) 깨진 유리창 이론(Broken window theory)

3) 블랙 스완 효과(Black Swan effect)

4) 이스털린의 역설(Easterlin paradox)

5) 베어마켓 랠리(Bear market rally)

몇 개나 맞추셨나요? 누구나 알고 있을 정도의 만만한 경제 용어들이 아닙니다. 어렴풋이 알고 있더라도 이걸 스스로 설명하는 건 또 다른 얘기죠? 그럼 뜻을 살펴보겠습니다.

1) 하인리히 법칙(Heinrich's law)

1930년대 초 미국 보험회사 직원이었던 하인리히가 주창한 법칙으로, 그는 5,000여 건의 산업 재해를 분석한 후 '1 대 29 대 300'이라는 하인리히 법칙을 만들었습니다. 이는 대형 사고 1건이 발생하기 전 유사한 29건의 경미한 사고가 있고, 그 사고 이전에는 같은 원인에서 비롯된 300건의 사소한 증상들이 있었다는 것입니다. 이처럼 위기는 우연히 갑작스럽게 일어나는 것이 아니라 경미한 사고들이 반복되는 과정에서 발생한다는 것이 하인리히 법칙입니다.

2) 깨진 유리창 이론(Broken window theory)

1982년 미국의 범죄학자 제임스 윌슨과 조지 켈링이 주창한 이론으로, 건물의 깨진 유리창을 그대로 방치하면 나중에 그 지역 일대가 무법천지로 변할 수 있다는 것입니다. 이는 무질서와 범죄의 전염성을 경고한 이론입니다.

3) 블랙 스완 효과(Black Swan effect)

1697년 영국의 자연학자인 존 라삼이 호주 스완강에서 검은 백조(black swan)를 발견했는데, 이는 당시까지 하얀 백조만 있을 것이라는 사람들의 선입견을 무너뜨리는 획기적인 발견이었습니다. 이후 블랙 스완은 '불가능하다고 인식된 상황이 실제 발생하는 것' 또는 '예측 불가능한 사건'이라는 의미를 갖게 됩니다. 이 용어는 레바논 출신의 투자 전문가 나심 니콜라스 탈레브가 자신의 책『블랙 스완』을 통해 9·11 테러, 글로벌 금융 위기처럼 발생 가능성은 극도로 낮으나 한번 일어나면 엄청난 충격을 주는 사건을 '블랙 스완'으로 묘사하며 널리 알려지게 되었습니다.

4) 이스털린의 역설(Easterlin paradox)

1974년 미국 경제사학자 리처드 이스털린이 주장한 개념으로 소득이 일정 수준을 넘어 기본적인 욕구가 충족되면 이후에는 소득이 증가해도 행복은 더 이상 증가하지 않는다는 이론입니다. 즉 소득이 기본 수준을 넘어서기 전까지는 소득과 행복도는 비례 관계를 유지하지만, 그 이후에는 공식처럼 움직이지 않는다는 것입니다.

5) 베어 마켓 랠리(Bear market rally)

싸울 때 곰의 모습을 보면 아래로 내려찍는 자세를 취하는

데, 이 모습을 빗대어 주식 시장에서의 하락장을 베어 마켓이라 부릅니다. 베어마켓 랠리란 주식 시장의 약세가 지속되는 가운데 일시적으로 주가가 반등하는 현상을 말하며, 보통 한두 주정도로 회복세를 보이는 경우가 많습니다. 베어 마켓의 반대 개념으로는 불 마켓(Bull market)이 있는데, 이는 황소가 싸울 때 뿔을 위로 치받는다고 하여 상승장을 불마켓이라 부르고 있습니다.

경제 공부가 쉽지 않은 이유는 여러 가지가 있겠지만 이처럼 기억하기조차도 어려운 경제 용어들 때문이기도 합니다. 그리고 안타깝게도 이런 경제 용어들은 마치 신제품이 출시되듯 계속해서 등장합니다. 그러다 보니 경제 공부는 해도 해도 끝이 없는 듯 아득하게 느껴지기도 합니다. 그렇다면 왜 경제 용어는 이렇게 어려운 걸까요? 그 이유는 바로 경제 학자들 때문이라고 할 수 있는데, 마치 의사들이 진료할 때 어려운 의학 용어를 많이 쓰는 것과 유사합니다. 즉 용어가 어려우면 어려울수록 본인들의 사회적 지위 또한 올라가는(것과 같은) 효과(?)를 얻으리라 생각하기 때문입니다. 이처럼 경제 용어가 어렵긴 합니다만 방법이 아예 없는 건 아닙니다. 제가 제안하는 방법은 영어 단어 공부하는 것처럼 경제 단어장을 만들어서 매일 하나씩 공부해보는 겁니다. 이런 식으로 말이죠.

2020/3/2(월) - 베어 마켓 랠리

1) 정의 : 베어 마켓이란 곰이 싸울 때 앞발을 들고 아래로 내려치는 모습을 따라 주식 시장이 위에서 아래로 내려오는 하락장을 의미. 이런 하락장 속에서 1~2주 정도 반짝 상승(랠리)하는 것.

2) 관련 용어 : 불마켓. 황소의 치솟은 뿔에 빗댄 주식 상승장을 의미. 유명 금융 회사 앞에 황소 동상도 있음.

다만 단어장을 작성할 때 주의할 점은 반드시 자신의 말로 요약, 재정의해야 한다는 것입니다. 즉, 다른 곳의 설명을 베껴 쓰듯 옮기기만 해서는 안 되고, 자신이 쉽게 이해할 수 있는 말과 단어로 변환해서 기록해야 한다는 것입니다. 경제학에서 사용되는 용어들은 용어 자체가 어렵기도 하지만 설명조차도 쉽지 않은 경우가 많기 때문에 조금 귀찮더라도 위의 예처럼 자신의 수준에 맞춰 재작성하는 것이 더 도움이 됩니다. 하지만 이것만으로는 부족합니다. 이런 방식으로는 단순히 경제 상식을 습득하는 수준에만 머물 수 있기 때문이죠. 용어 정리를 하면서 사전적 정의뿐만 아니라 실제로 적용된 사례나 일어나는 현상 혹은 사건까지도 함께 익혀두는 게 좋습니다. 뭐랄까요, 그저 단어장 정도에 그치는 것이 아니라 참고서 수준으로까지 만들어야 한다고 해야 할까요? 그래서 경제 신문이나 인터넷 사이트에서 제공하는 경제 용어 카드와 같은 자료를 검색하고 활용하는 것도 나쁘진 않지만, 내가 직접 해석한 나만의 말과 내용으로 직접 단어장을 만들어 보는 것이 좀 더 확실한 경제 공부입니다.

구체적으로 예를 들어보겠습니다. 미국 금리 인상 혹은 인하 시 경제 뉴스에 많이 등장하는 매파, 비둘기파에 대한 경제 단어장 정리입니다.

2020/3/3(화) - 매파(Hawks) vs 비둘기파(Doves)

1) 정의 : 공격적 성향의 매(파)와 평화(온순)의 상징 비둘기(파). 금리 논의 시 매파는 공격적 인상을, 비둘기파는 안정적 경기 부양을 위한 인하를 주장

2) 어원 : 1798년 미국의 제3대 대통령 토머스 제퍼슨이 처음으로 사용한 말로써, 베트남 전쟁이 교착화되었을 때 매파는 전쟁을 계속할 것을 주장했고, 비둘기파는 전쟁 중단 및 평화적 해결을 주장

3) 관련 기사 : 美 연준 파월의 정책 행보 '안갯속'... 매파-비둘기파 간극 더 벌어졌다(2019. 8. 22, 파이낸셜 뉴스)

4) 관련 용어 : 인플레이션, 디플레이션, 연방공개시장위원회(FOMC), 미국 장단기 국채금리 역전 현상

5) 확장 : 인플레이션 억제 → 금리 인상(매파) / 디플레이션

방지 → 금리 인하(비둘기파)

어떤가요? 이런 식으로 정리한다면 단순히 단어장 수준을 넘어 좀 더 확장된 경제 개념으로 공부가 가능하겠지요? 단어장에는 대략 다음과 같은 다섯 가지 요소가 포함되는 것을 추천해 드립니다.

1) (자신만의) 정의
2) 어원
3) 관련 기사(링크)
4) 관련 용어(같이 자주 등장하는 용어나 반대 개념의 용어 등)
5) 확장 개념(관련 공식, 이론, 추가 개념 등)

이렇게 정리하게 되면 처음에는 상당한 시간이 소요될 수밖에 없습니다. 하지만 어느 정도 익숙해지면 앞서 말씀드린 습관들처럼 5분이면 충분합니다. 왜냐하면 자신만의 정리 노하우가 쌓임에 따라 요약 시간이 줄어드는 것은 물론이고, 정리한 단어들이 많아짐에 따라 중복되는 부분이 늘어나기 때문입니다. 위와 같은 방법으로 경제 단어장을 만들고, 더불어 약 100개(매일 하나씩 하게 되면 약 3개월, 1주일에 3~4개 정도면 약 6개월 소요)의 경제 용어를 정리할 수 있다면, 경제 단어장만으로도 경제 공부 실력은 쑥쑥 늘어나게 됩니다. 이 방법은 단순히 경제 용어에 대한 표면적 이해를 뛰어넘어 실제 경제 현상까지 이해하는 데 도움이 되는 방법입니다.

　매일 이렇게 정리한다고 생각하면 해야 할 일이 너무 많죠? 기사도 요약해야 하고, 지표도 정리해야 하고, 단어장도 만들어야 하고. 하지만 자꾸 하다 보면 생각 이상으로 시간이 절약되는 경험을 하게 됩니다. 꼭 실천해 보세요. 경제 단어 100개만 정리할 수 있다면 당신의 경제 실력은 비 오는 날 죽순처럼 쑥쑥 자라게 됩니다.

9

포털사이트 경제 리포트 활용하기

많은 사람들이 경제 공부를 위해 일반적으로 활용하는 것이 책과 경제 기사 읽기입니다. 경제 기사의 장점은 빠르고 편하게 최근 트렌드와 각종 이슈를 접할 수 있다는 데 있습니다. 하지만 깊이 있는 분석과 전망을 공부하기에는 다소 아쉬움이 있죠. 물론 특집 기사나 기획 기사를 통해 어느 정도 이런 약점을 메울 순 있습니다. 그리고 경제 도서의 경우 한 가지 주제에 대해 오랫동안 연구를 하고 내공을 쌓아온 전문가가 일반인들을 위해 쉽게 풀어서 설명했기 때문에 완독을 하게 될 경우 얻게 되는 것들이 많습니다. 다만 시간이 많이 소요되고 내 수준에 딱 맞는 책을 찾기가 어렵다는 단점이 있습니다. 흔히 입문자를 위한 책을 소개받더라도 막상 읽어보면 입문자용이 아닌 경우도 많습니다. 이는 개인별로 수준이나 이해의 폭이 다르기 때문입니다. 이외에도 요즘은 블로그나 유튜브, 팟캐스트 등을 통해서도 쉽게 원하는 정보나 지식을 얻을 수가 있습니다. 하지만 이쪽은 검색과 인기를 기반으로 하다 보니 체계적인 목차를 가진 방송이라기보다는 이슈와 화제성 중심으로 콘텐츠가 만들어집니다. (추천하는 유튜브나 팟캐스트 블로그 등은 뒤편에서 따로 다루겠습니다.)

이번 편에서는 그동안 설명했던 경제 기사나 경제 도서가 가진 단점을 보완해줄 수 있는 공부법 하나를 소개하겠습니다. 그것은 바로 경제 연구소 같은 기관에서 정기적, 비정기적으로 발행하고 있는 경제 보고서(리포트)를 활용하는 방법입니다. 경제 보고서는 한국은행이나 KDI(한국개발연구원), 금융투자협회와 같은 공공 기관뿐만 아니라 현대, LG연구소와 같은 민간경제연구소, 그리고 금융 기관 산하의 연구 기관 등에서 다양하게 발행하고 있는데, 그 종류나 정보의 양이 생각 이상으로 많습니다. 검색해보면 정말 많은 보고서들이 발행되고 있다는 사실에 깜짝 놀라게 됩니다. 해당 기관을 대표하는 전문 연구원들이 작성하는 만큼 보고서의 퀄리티는 상당히 높습니다. 다만 경제 초보자들이 보기에는 다소 어려운 것들도 있습니다. 그럼에도 불구하고 경제 보고서를 추천해 드리는 이유는 다른 공부의 부족한 부분을 채울 수 있는 아주 좋은 보완책이 될 수 있기 때문입니다.

다음은 경제 보고서를 주기적으로 발행하는 곳들입니다.

공공 기관

1) 한국은행 : 연차보고서(1년 단위. 매년 3월 말에 전년 통계 보고서 발행)/통화 신용 정책 보고서(3개월)/금융 안정 보고서(6개월)/경제 전망 보고서(3개월)/지역 경제 보고서(3개월)/지급 결재 보고서(1년, 연차 보고서처럼 후행)

2) KDI(Korea Development Institute, 한국개발연구원) : 경제 동향 및 전망(매월 발행. 연간 경제 전망(11월), 거시/금융/법경제/규제/노동/교육/산업/국제경제/재정/복지/북한경제/공공투자/국토인프라/국제개발협력/경제교육/경제정보 등 다양한 보고서 제공

3) 금융투자협회 : 금융 투자지(월간)/해외 동향(월간)/자본 시장 및 펀드 시장 동향(일간)/기타 연구

4) 금융감독원 : 일일/주간 금융시장 동향

민간 경제 연구소

1) 현대경제연구원 : 경제, 경영, 산업, 사회문화 등 다양한

보고서 발행

2) LG경제연구원 : 연간 경제 전망 위주

3) 삼성경제연구소 : 과거에는 가장 많은 보고서를 발행하는 민간 연구소 중 하나였으나, 현재는 경제 보고서를 발행하고 있지 않습니다.

이 외에도 각 증권사나, 투자사에서 발행하는 데일리/위클리/월간/년간 및 산업, 테마별 보고서 등이 있습니다. 정기적으로 경제 보고서를 발행하는 곳은 상당히 많기 때문에 그 보고서들을 모두 살펴보기란 사실 불가능합니다. 그래서 저는 두 가지 방법을 추천해 드립니다.

하나는 거시 경제, 즉 숲을 바라볼 수 있는 눈을 키우기 위한 목적으로 경제 전망 리포트를 보는 것입니다. 이 전망 보고서는 한국은행과 정부 출연 연구기관인 KDI(한국개발연구원) 등에서 정기적으로 발행하고 있는데 해당 사이트를 즐겨찾기 해놓고서 읽으면 됩니다. 보고서 중에서는 데일리 브리핑이나 주간 리포트와 같은 단기 전망 보고서도 있긴 하지만 긴 호흡과 안목을 갖추기 위해서는 3개월, 6개월 그리고 1년 단위의 중장기 경제 전망 보고서를 추천해 드립니다. 또 다른 하나는 특정 시장에 대한 이해와 안목을 키울 수 있는 테마별 보고서나 산업 동향 리포트를 활용하는 것입니다. 이를 위해서는 발품, 아니 마우

스품(!)을 좀 팔아야 합니다. 먼저 자신의 관심 분야에 대해 꾸준히 보고서를 발행하고 있는 연구소나 기관을 찾아야 합니다. 예를 들어 바이오나 헬스케어 산업에 관심이 많다면 이 분야 관련 보고서를 발행하고 있는 연구소나 기관을 찾아야겠죠. 이때 활용할 수 있는 방법은 먼저 위에서 소개한 기관과 연구소 위주로 자료를 검색하고, 이후에는 증권사나 투자사의 홈페이지를 하나씩 뒤져보는 것입니다. 이곳에서는 산업 동향이나 테마 분석에 능한 애널리스트들이 자신들이 작성한 각종 보고서를 정기적으로 업로드하고 있기 때문에 내가 필요로 하는 분야의 세부적인 자료를 찾을 가능성이 무척 높습니다.

그리고 한가지 팁을 더 드리자면, 자신의 성향에 맞는 보고서를 접하게 되면 해당 보고서의 작성자 이름을 꼭 기억해 두는 게 좋습니다. 경제 보고서를 작성하는 연구원, 애널리스트들은 저마다 보고서를 쓰는 스타일이나 경제를 해석하는 관점이 다릅니다. 그렇기 때문에 자신의 관점이나 눈높이에 맞는 보고서를 만나기가 쉽지 않은데, 혹 만나게 된다면 반드시 기억해두고 해당 애널리스트의 리포트를 우선적으로 챙겨볼 필요가 있기 때문입니다.

그리고 매번 보고서 찾기가 귀찮다면 포털 사이트인 네이버를 활용해도 괜찮습니다. 네이버 금융 홈의 리서치 메뉴를 클릭해 들어가면 증권사나 투자사의 많은 경제 보고서들을 접할 수 있습니다. 특히 산업 분석이나 시황 정보뿐만 아니라 종목 분석이나 투자 정보 리포트까지 그 범위가 상당히 넓기 때문에 다양한 정보를 원하는 사람에게는 안성맞춤인 서비스입니다. 그러니 보고서를 찾고자 할 때는 먼저 이곳부터 둘러보시고, 그럼에도 부족하다 싶으면 기관, 연구소, 증권사 홈페이지 순으로 자료를 검색해 보는 게 좋습니다.

10

경제 일기 매일 쓰기

지금까지 '돈의 흐름'을 읽을 수 있는 경제 공부법에 대해 여러 가지를 말씀드렸는데, 그동안 배운 것을 한번 정리해보겠습니다.

1) 경제 도서 매일 30분씩 읽기, 책을 다 읽은 다음에는 간 단하게 북리뷰 작성하기
2) 경제 기사를 읽을 때는 5대 분야 연결해서 통으로 읽기, 그리고 각각의 경제 기사는 세 줄로 요약하기
3) 경제 지표 정리하고 '뉴욕 마감' 기사 읽기
4) 특집형 기사를 챙겨 읽고, 틈틈이 경제 관련 다큐멘터리 시

청하기

5) 경제 용어를 내가 이해하는 수준으로 정리하고 단어장으로 만들기

6) 포털 사이트에서 경제 보고서 검색해서 읽기

제법 많네요. 그렇다면 이 모두를 매일 빼먹지 않고 할 수 있을까요? 만약 직장 생활도 하지 않고, 온종일 경제 공부에만 시간을 쓰겠다 하는 분들은 가능할 수 있겠지만(그래도 힘들 겁니다), 일반 사회 생활을 하는 분들에게는 거의 불가능한 일입니다. 그래서 저는 이중 자신에게 맞는 것 하나, 또는 잘 실천할 수 있는 것 한두 가지만 골라서 습관으로 만드는 것을 추천해 드립니다. 아니 그동안 이 방법도 좋고, 저 방법도 좋다 해놓고 이제 와서 한두 가지만 하라니, 무슨 소리를 하십니까? 하는 분도 있겠지만, 사실 이 모두를 빠짐없이 해낸다는 것은 불가능합니다. 욕심내서 책도 사서 읽고, 신문도 구독하고, 단어장을 만들려고 노트도 구입하고 이렇게 의욕적으로 하는 건 좋지만 처음부터 너무 많은 것을 욕심내면 항상 중도 포기라는 산을 넘기가 어렵습니다. 특히 경제 공부는 금방 공부 효과를 체감하는 것이 아니기 때문에 꾸준히 한다는 것은 정말 만만치가 않은 일입니다. 그래서 본인이 가장 하기 쉬운 한두 가지를 선택해 적어도 한 달 이상 해볼 것을 권해드립니다. 한 달 이상 지속적인 공부를

해본 후, 그래서 어느 정도 습관으로 정착시킨 후 그때 가서 다른 공부 방법을 추가해도 늦지 않습니다. 경제 공부는 끝이 없습니다. 내가 경제 생활을 영위하고 있는 이상 계속해야만 하죠. 결국 꾸준함이 핵심이므로 멀리 보고 하나씩 공부해 나가야 합니다.

앞서 소개한 공부 방법들은 기본적으로 기록과 정리를 바탕에 두고 있습니다. 이 방법은 필자인 저에게 가장 잘 맞는 공부법이자 효과를 많이 본 방법입니다. 그래서 여러분들에게도 자신 있게 소개해 드리는 거고요. 아마도 저와 다른 성향을 가진 분들이라면 다른 공부 방법을 제안할 수도 있을 것입니다. 저는 '돈의 흐름'이야말로 매일의 지표 확인과 정리를 통해 항상 주시할 수 있어야 예민하게 잡아낼 수 있다고 생각합니다. 그렇기 때문에 예측에 기본이 되는 데이터(경제 지표) 관리는 필수입니다.

이 같은 기록과 정리를 하는 데 있어서는 공부법별로 별도의 노트나 컴퓨터 파일을 만들어서 관리하는 것도 좋겠지만 이 모두를 하나의 공간 안에 정리해보는 걸 가장 추천해 드립니다. 즉 일종의 종합 관리 차원에서 접근해보는 것인데요. 그것은 일기 형식으로 개별 항목들을 모아서 정리하는 방법입니다.

1) 경제 도서 하루 30분씩 읽기
2) 5대 분야 경제 기사 연결해서 읽기

3) 경제 기사 세 줄 요약하기

4) 경제 지표 정리하고 '뉴욕 마감' 기사 읽기

위의 네 가지는 제가 소개한 여러 공부 방법 중 매일 하는 습관에 해당하는 것들입니다. 이를 각각의 공간에 별도로 정리하는 것이 아니라 일기 형식으로 만들어서 매일 한곳에 정리해보는 걸 추천드립니다. 물론 네 가지 모두를 할 필요는 없습니다. 이 중 한두 가지만 정해서 실천해도 좋습니다. 일기 작성의 예를 한번 들어 보겠습니다.

일자 : 2020년 3월 2일 월요일

1) 오늘의 책 읽기 : 책 본문 사진 첨부

2) 오늘의 경제 기사 : 5대 분야 기사 하나씩 세줄 요약하기

3) 오늘의 경제 지표 & 뉴욕 마감

4) 오늘의 경제 코멘트

일기는 폴더를 하나 만들어서 그 안에 문서로 매일 정리합니다. 문서를 작성한 후에는 그 내용을 개인 블로그나 SNS에 매일 복사, 붙여넣기를 합니다. 만약 블로그나 SNS를 운용하지 않고 있다면 이번 기회에 본격적으로 시작해보는 것도 좋을 것 같습니다.

블로그나 SNS를 통한 공유를 권해드리면 많은 분들이, 뭐 이런 것까지 해야 하나? 라고 생각합니다. 물론 처음에는 다소 부족한 내용을 올리는 것 같아 부끄럽기도 합니다만 누구나 초창기에는 이런 과정을 거칠 수밖에 없습니다. 오히려 부끄러움보다는 더 열심히 하겠다는 의지 표현으로 경제 일기를 공유할 필요가 있습니다. 또한 본인 자료를 다른 사람들과 공유하게 되면 책임감이 생길 뿐만 아니라 댓글이나 피드백을 통해 오류나 부족한 부분들을 알게 되기도 합니다. 그리고 무엇보다 나의 응원군을 만들 수도 있습니다(요즘은 SNS를 통해 자신의 팔로워를 만드는 게 중요하니까요).

이미 각각의 공부들을 별도의 공간에 기록하거나 SNS에 연재하고 있었다면 굳이 일기 쓰기를 통해 하나로 집약할 필요는 없습니다. 하지만 관리의 편리성과 지속성 차원에서 볼 때 일기처럼 한곳에 모아 정리하게 되면 여러모로 장점이 많습니다. 정리는 각자 편한 방법을 찾아서 하시면 됩니다. 그리고 일기의 맨 아래 항목에는 '오늘의 경제 코멘트'를 추가해 당일 발생한 경제 상황에 대해 느낀 점을 한두 문장 정도로 간단히 정리해 준다면 베스트라 할 수 있습니다. 내가 기록한 오늘의 코멘트(물론 내공이 좀 더 쌓여야 하겠지만)가 다른 사람에게는 소중한 인사이트로 다가갈 수 있겠죠?

어느 정도 기록이 쌓이게 되면 알게 되겠지만 경제 일기는 단순한 일기 수준을 넘어 개인의 경제 종합 참고서 역할까지도 하게 됩니다. 왜냐면 종합적 관점과 판단을 가능하도록 만들어 주기 때문입니다. 일단 한 달을 목표로 주말을 뺀 20일 동안 해보는 것을 권합니다. 욕심내지 말고 한두 가지만 선택해서 한 달만 실천해보세요. 한 달을 무사히 완주하게 되면 석 달, 그리고 6개월, 1년도 할 수 있습니다. 당연히 경제 실력 또한 쑥쑥 늘어갈 거고요. 이러한 일기 쓰기 습관이 여러분의 경제 내공을 멱살 캐리(!)해 한 단계 올려줄 것입니다.

11

함께 하는 힘, 경제 스터디 참가하기

많은 분들이 경제 공부를 독학으로 하고 있습니다. 지금까지 소개해 드린 경제 공부법 또한 혼자서 하는 방법에 가깝습니다. 물론 경제 공부는 기본적으로 혼자 하는 게 맞지만, 어쩌면 요즘 트렌드와 맞지 않는 부분도 있고, 함께 공부할 때의 장점과 시너지도 있는 만큼 이번 편에서는 경제 공부의 마지막 습관으로 경제 스터디(소모임) 활용법에 대해 이야기해 보겠습니다.

인권 운동가의 상징이자 남아프리카공화국 최초의 흑인 대통령 넬슨 만델라는 종종 아프리카 코사족의 속담인 '빨리 가려면 혼자 가고, 멀리 가려면 함께 가라'는 말을 자주 인용했습니다. 이는 장기적인 목표를 이루고자 할 때 혼자 하는 것보다 다른 사람들과 상생하고 협업하는 것이 훨씬 더 보탬이 된다는 의미입니다. 경제 공부 또한 혼자가 아닌 여럿이 함께할 때 여러 가지 측면에서 유리할 수 있습니다. 그중에 하나는 무엇보다 공부에 대한 의지를 계속 유지해 갈 수 있다는 점입니다. 작심삼일이란 고사성어가 대변해주듯 오랫동안 꾸준히 공부한다는 것, 더군다나 경제 공부를 오랫동안 한다는 것은 매우 힘든 일입니다. 아무리 본인의 끈기와 인내가 대단하다 할지라도 정해진 시간에 정해진 분량을 마치 기계처럼 반복하기란 결코 쉬운 일이 아닙니다. 그래서 경제 공부와 같은 장기적으로 해야하는 공부에는 다른 요소를 추가하는게 좋습니다.

만약 자신의 공부 성향을 볼 때 혼자 하기가 쉽지 않겠다는 판단이 든다면, 이러한 약점을 보완해 줄 수 있는 모임에 합류하여 공부를 해보면 어떨까요? 이 경우 모임이나 프로그램의 정해진 룰을 따라야 하는 만큼 다소의 강제성이 따라오는데, 이를 통해 자신의 나약함이 통제된다면 중도에 포기할 확률은 현저히 줄어들게 됩니다. 또한 여러 사람이 함께하는 만큼 자신이 미처 생각하지 못한 점들이나 새로운 관점을 배울 수도 있습니다. 다양성의 측면에서도 상당한 도움을 얻을 수도 있다고 볼 수 있겠죠. 그리고 혼자 하는 것보다 좀 더 빠르게 경제 공부의 본 궤도에 올라설 수도 있습니다.

앞서 제가 경제 공부를 하게 된 이야기에서도 잠깐 말씀드 렸지만, 2012년부터 개인적으로 운영해 오고 있는 경제 학습 모임이 있다고 했습니다. 이 모임도 결국 같이하는 힘을 믿었기 때문에 시작되었다고 볼 수 있습니다. 지금은 경제 공부뿐만이 아니라 다른 주제로까지도 확대되어 운영되고 있습니다. 그동안 약 70명 정도의 회원분들이 이 프로그램을 마쳤는데, 이들은 이구동성으로 혼자였다면 이 과정을 완주하기 어려웠을 거라고 말합니다. 거의 1년이란 기간 동안 2주에 한 권씩 까다로운 경제 도서를 읽고 서평을 쓰며, 매달 한 번씩 쉽지 않은 오프 과제를 준비하고 발표하는 일은 사실 혼자라면 거의 불가능에 가까운 일이기 때문입니다. 약간의 강제성과 함께 서로 간의 격려와 응원이 있었기 때문에 가능했다고 볼 수 있습니다.

정보의 바다를 잘 검색해 보면 생각보다 많은 경제 스터디나 모임, 그리고 프로그램들이 있음을 알 수 있습니다. 용기를 내서 경제 공부 모임에 참여해보는 건 어떨까요? 단, 모임에 가입하기 전 몇 가지 주의해야 할 사항들이 있으니 아래 사항을 잘 읽고 참고하시기 바랍니다.

첫째, 자신이 배우고자 하는 경제 공부의 성격을 확실히 해야만 합니다. 예를 들어 전반적인 경제 흐름을 알기 위한 기초 공부부터 시작하려는 데, 주식 투자 공부 모임에 들어가게 된다면 숲을 봐야 하는 경제 공부보다는 아무래도 주식 투자에 대한 것만 집중적으로 배우게 될 가능성이 큽니다. 소위 재테크에 더 몰입하게 된다는 거죠. 이는 좋고 나쁘고 문제가 아닌 목적성의 차이에서 문제가 됩니다.

둘째, 모임을 주관하는 운영자의 성향과 가치관이 내가 원하는 방향과 같은지 봐야 합니다. 즉 운영자가 회원들의 경제 실력을 키워주는 것에 가장 큰 목적성을 가졌는지, 아니면 공부보다는 친목 도모에 더 비중을 두고 있는지, 혹은 모임의 규모를 키워 자신의 브랜드를 강화하는 것에 더 관심이 있는지를 알고 있어야 합니다. 함께 오래가고자 한다면 반드시 같은 곳을 바라보고 갈 수 있어야 합니다. 그렇기 때문에 동일한 방향성은 모임 가입 전 필수적으로 체크해야 할 사항입니다.

마지막으로 함께 공부할 회원의 수준과 연령대도 중요합니다. 예를 들어 자신이 30대 초반의 사회 초년생인데 함께하는 사람들이 모두 40대 이상의 직장인이라면 아무래도 소통과 공감에서 어려움이 있을 수밖에 없습니다. 이왕이면 비슷한 수준, 연령대의 사람들과 함께 시작하는 것이 좋습니다. 그러나 이보다 더 좋은 것은 다양한 연령대의 사람들이 골고루 섞여 함께 공부하는 것입니다. 왜냐하면 자신의 연령대에서는 생각할 수 없는 것에 대한 의견을 나누고 교류할 수 있을뿐 아니라 서로 배우고 성장할 수 있기 때문입니다.

추가로 한 가지만 더 말씀드리자면, 교육 비용도 고려해야 할 중요한 포인트입니다. 무료로 누군가가 재능 기부를 하면서 운영되는 프로그램이라면 더할 나위 없이 좋겠지만, 앞의 세 가지 주의점들이 잘 지켜지기 위해선 적절한 투자도 필요합니다. 적정선의 투자는 공부를 더 열심히 하게 만드는 동기도 만들어 주고요. 내 돈이 걸려야 열심히 한다는 말 아시죠? 공짜라고 하면 뭔가 대충하게 되는 경험 한 번쯤 해보셨을 겁니다. 다만 운영자의 브랜드 때문에 너무 비싼 비용을 들여야 한다면 이는 리스트에서 제외하는 것이 좋습니다. 왜냐하면 꼭 그분들이 아니더라도, 이미 책도 내고 실력도 갖춘 재야의 고수들이 저렴한 비용으로 운영하는 스터디나 프로그램도 많기 때문입니다. 물론 이런 곳들은 참여가 쉽지 않다는 단점이 있긴 합니다만, 잘 찾아보면 함께 할 수 있는 모임들이 분명히 있을 것입니다.

2부. 돈을 늘려 주는 경제 공부

12

딱 한 번! 재무 컨설팅 받아 보기

앞서 1부에서는 총 11가지의 경제 공부법에 대해 설명해 드렸습니다. 2부에서는 돈을 늘려주는 경제 공부법으로 개인의 자산 관리 방법과 직접 소액 투자 경험을 해보는 방법을 소개하고자 합니다.

　우리가 경제 공부를 하는 이유는 돈의 흐름과 변화에 대해 배움으로써 자신의 자산을 잘 관리함과 동시에, 최종적으로는 원하는 수준의 부를 얻어 경제적 자유를 누리기 위함입니다. 자산 관리도 못 하면서 모을 생각만 하고 있다면 이는 모래 위에 성을 쌓는 것과 다르지 않습니다. 또한 아무리 많은 수입이 생긴다 할지라도 바깥으로 새는 돈이 더 많다면 역시나 자산은 모이지가 않습니다. 그래서 버는 것도 중요하지만 올바른 관리를 통해 자신의 자산을 잘 지키고 운용하는 것이 몇 배는 더 중요합니다. 저는 자산 관리를 잘하기 위해 최소 한번은 전문가로부터 재무 컨설팅을 받아 볼 것을 추천합니다. 재무 설계란 인생을 살아가는 데 있어서 결코 빼놓을 수 없는 '돈'에 대한 계획입니다. 하지만 여기에는 '돈'이 단순히 숫자로만 들어가 있어서는 안 됩니다. 왜냐하면 그럴 경우 돈이 인생의 목표가 되어버릴 수 있기 때문입니다. 재무 설계는 인생을 더욱 잘 살아가기 위한 보조 도구로써 돈을 어떻게 활용할 것인가 계획을 세우는 일입니다. 그렇기 때문에 제대로 된 경제관이 반드시 필요합니다.

많은 사람들에게 경제적 목표에 관해 물으면 '부자가 되고 싶다'고 말합니다. 하지만 그 부자의 구체적 기준에 대해 물으면 제대로 답을 하지 못하는 경우가 많습니다. 자신만의 기준이 없기 때문입니다. 그저 어느 정도만큼 있으면 부자로 인정받을 수 있겠구나 하는 감만 있을 뿐입니다. 예를 들어 20억을 가진 사람이 있습니다. 이 사람은 부자일까요? 사회적으로 보면 그럴지도 모릅니다. 하지만 당사자의 생각은 다릅니다. 최소 30억 정도는 있어야 부자라고 생각합니다. 그렇다면 우리나라 대기업의 회장님들은 부자일까요? 그렇겠죠? 하지만 부자임에도 불구하고 더 많은 돈을 벌기 위해 애를 쓰고 있습니다. (물론 사업을 하는 이유가 돈 때문만은 아니겠지만.) 이처럼 부자의 기준은 내가 정하는 겁니다. 스스로 생각하기에 5억 또는 10억 정도만 있어도 충분하다는 생각이 들면 나는 부자인 겁니다. 시골 의사로 유명했던 박경철 원장이 부자를 '더 이상 돈을 벌려는 생각이 없는 사람'이라 정의한 것은 부자의 기준이 바로 나 자신에게 있음을 말해주는 것이라 할 수 있습니다.

그렇다면 내가 만족할 만한 돈의 기준을 정하기 위해서는 어떻게 해야 할까요? 저는 전문가로부터 재무 컨설팅을 받아보는 것이 무엇보다 중요하다고 말씀드리고 싶습니다. 컨설팅을 통해 현재 나의 상태가 재정적으로 건강한지 아닌지를 체크하고, 재무상의 문제점을 분석하고 해결책을 마련하는 것입니다. 그러면서 인생 전반에 대해 다시 한번 생각해 보는 것입니다. 이 작업을 통해 20대 사회 초년생은 올바른 경제관과 함께 경제 기본기를 갖출 수 있고, 30대는 현재 자신의 재무 상태에 대한 문제점과 개선점 그리고 올바른 투자 습관에 대한 도움을 얻을 수 있습니다. 40대는 재정상의 치명적 오류 개선 및 노후 대비를 위한 준비 작업을 시작할 수 있고, 50대는 노후를 보다 풍족하게 만들어가기 위한 자산 배분 및 안정적 운용에 대해 생각해 볼 수 있습니다.

재무 컨설팅에 관해 이야기를 나누다 보면 꼭 이렇게 말씀하시는 분들이 있습니다. 재무 컨설팅의 필요성에 공감해 컨설팅을 받아본 적이 있는데, 결국은 기승전 상품 권유로 이어져 아쉬움만 남더라, 하는 말씀입니다. 아무래도 재무 컨설팅을 많이 하시는 분들이 보험 설계사분들이고, 이분들의 경우 컨설팅은 무료로 진행하지만 결국 자신들이 취급하는 보험 상품의 가입을 최종 목적으로 하다 보니 그럴 수밖에 없는 현실적인 문제가 있습니다. 그래서 일부 사람들은 재무 컨설팅에 대해 부정적 시선을 가지고 있습니다. 사실 보험설계사분들이 하는 컨설팅은 엄밀한 의미에서 보면 재무 컨설팅이라고 할 수 없습니다. 왜냐하면 상품만으로 재무 설계를 한다는 것은 분명 한계가 있고, 또 다른 문제점을 야기할 수도 있기 때문입니다. 그래서 상품 추천이 아닌 올바른 재무 컨설팅을 받고자 한다면 저는 다음과 같은 두 가지 방법을 추천해 드립니다.

첫 번째는 금융 기관들을 감독, 감시하는 특수 기관인 금융감독원에서 제공하는 재무 진단 서비스를 활용해보는 것입니다. 금융감독원에서는 쉽고 편하게 할 수 있는 무료 온라인 개인 금융 진단 프로그램 '참 쉬운 재무 진단'을 일반 고객들에게 서비스하고 있는데, 한 번도 재무 진단을 받아보지 못했다면, 먼저 이 온라인 진단 프로그램을 통해 자신의 재무적 문제점과 개선 방향을 체크해 볼 수 있습니다. 이 '참 쉬운 재무 진단'은 '간편 진단'과 '정밀 진단' 두 가지가 있는데, '간편 진단'은 5분 이내 손쉽게 재무 진단을 진행할 수 있도록 약 13~29개 문항으로 이루어져 있습니다. 이에 반해, '정밀 진단'은 본인의 소득, 저축, 부채, 지출 등의 직접 입력을 통해 재무 비율 지표를 진단함으로써 가계의 안전성, 성장성 진단은 물론 은퇴 준비가 충분한지까지도 다소 구체적으로 알려주고 있습니다. 만약 온라인 재무 진단으로도 다소의 부족함을 느낀다면 1:1 상담도 가능합니다. 금융감독원의 '금융 자문 서비스'를 활용하면 되는데, PC/모바일, 전화 또는 직접 대면의 세 가지 방법 중 편한 방법을 선택할 수 있습니다. 상담 신청을 하게 되면 CFP(국제공인재무설계사)와 같은 금융 관련 자격증을 갖춘 경력 5년 이상의 전문 상담원으로부터 도움을 받을 수 있습니다. 그리고 직접 대면을 원한다면 여의도에 위치한 금융감독원 본점으로 방문하면 됩니다.

두 번째 방법은 특정 금융 기관에 속해 있지 않은 재무 컨설턴트로부터 컨설팅받는 방법입니다. 이런 경우 대개 유료로 진행되는데, (최근에는 유료로 진행되더라도 보험, 펀드 등 여러 상품 권유를 결과물로 제시하는 컨설턴트도 많이 있으니 미리 확인해 보신 후 신청하시기 바랍니다) 이때 점검할 사항은 자신의 재무 상황에서 무엇이 문제점인지 그리고 어떻게 개선할 수 있는지, 좀 더 구체적인 가이드를 얻는 것입니다. 그런 다음 그 결과가 하나의 습관으로 정착될 수 있도록 자신만의 재무 포트폴리오를 짜는 것입니다. 제일 좋은 자산 관리 방법은 별다른 신경을 쓰지 않더라도 재무 흐름이 자연적으로 선순환되는 것입니다. 그래야만 우리가 중요하게 생각해야 하는 것들에(자기 일이나 사람과의 관계 형성과 같은) 좀 더 신경을 쓰고 더 많은 시간을 투자할 수 있습니다. 습관을 통해 자신의 지출을 일정 범위 내로 관리하고, 저축률을 항상 고정시켜 놓고 지킬 수 있다면 자산은 자연스럽게 증가합니다. 이것이 바로 선순환적 재무 흐름입니다. 이러한 체계를 만들도록 돕는 것이 바로 재무 컨설턴트의 역할이고요.

재무 컨설팅을 진행할 때 비용도 무시할 수 없는데요, 만약 부담스러울 정도의 컨설팅 비용(제가 생각하는 적정 수준은 약 10~30만 원 정도입니다)이 든다면 이는 지양하는 것이 좋습니다. 왜냐하면, 재무 분석 및 진단 그리고 제대로 된 경제 습관에 대해 조언을 해주는데 그렇게 큰 수수료를 요구할 이유는 없기 때문입니다. 다만 컨설턴트의 인지도가 높다면 수수료가 높을 수도 있는데, 그 경우에는 먼저 금융감독원의 기본적인 재무 진단을 받은 후 특별히 꼭 필요한 사안에 대해서만 컨설팅 받는 것을 추천해 드립니다.

이상으로 재무 컨설팅에 대해 알려드렸는데요, 만약 지금까지 한 번도 안 해보셨다면 제대로 된 자산 관리의 첫 시작으로 꼭 한번 재무 컨설팅을 받아보시기 바랍니다.

13

생각 전환만으로 자산 늘리기

많은 사람들이 돈을 모으고 싶어 합니다. 하지만 쉽지가 않습니다. 왜 그럴까요? 여러 가지 이유가 있겠지만 가장 큰 이유는 돈을 모으기 위한 체계적인 계획이나 계획에 따른 지속적인 실천 없이 그저 마음으로만 돈을 바라기 때문입니다. 이는 허황된 욕심에 불과합니다. 그러나 체계적으로 가계부도 쓰고, 저축도 하고, 적절한 투자까지도 했음에도 생각만큼 자산이 늘지 않아 고민인 분들도 있습니다. 심지어 어떤 분들은 자산 증가는 고사하고 마이너스 규모만 더 커졌다며 한숨을 쉬는 분들도 있습니다. 대체 무엇이 문제일까요?

이번 글에서는 '자산을 늘리기 위한 습관'으로 일반인들도 쉽게 따라 할 수 있는 자산 증가 방법에 대해 알아보도록 하겠습니다. 여기서 '쉽게 따라 한다'는 의미는 바로 생각의 변화를 말합니다. 돈에 대한 관점의 변화만으로도 자산을 늘릴 수 있다니, 얼마나 대단한 일인가요? 그럼 찬찬히 말씀드리도록 하겠습니다. 먼저 자산을 공식으로 풀어보죠. 아래에 보는 것처럼 자산은 수입에서 지출을 뺀 것입니다.

자산(소득) = 수입 − 지출

이 공식을 통해 자산을 늘릴 수 있는 방법은 두 가지입니다. 하나는 수입을 늘리는 것이고, 다른 하나는 지출을 줄이는 것입니다. 만약 이 두 가지 방법을 동시에 병행할 수 있다면 자산은 기존 대비 두 배의 속도로 증가하겠죠?

먼저 수입을 늘리는 방법부터 알아보겠습니다. 직장인을 예로 들자면, 일반 직장인이 자신의 수입을 마음대로 늘리기란 사실 불가능에 가깝습니다. 특별히 인센티브를 얻거나 승진, 기타 수당 등을 받지 않는 한 월급의 규모는 이미 정해져 있기 때문입니다. 직장인과 달리 개인 사업이나 장사와 같은 자영업을 하시는 분들은 수입을 늘리기 위한 방법으로 판촉이나 이벤트 같은 마케팅 활동을 진행하기도 합니다. 하지만 이를 통해서 수입

(매출)을 증가시킬 수도 있지만 추가로 발생한 비용이 더 많다면 오히려 손실을 보게 됩니다.

그럼 반대로 수입을 늘리는 대신 지출을 줄이는 방법은 어떨까요? 수입은 통제 불가능한 요소가 대부분이지만 지출은 자신의 의지와 계획에 따라 얼마든지 통제가 가능합니다. 물론 기본 고정 지출에 해당하는 관리비, 통신료, 보험료, 월세 등은 조정이 쉽지 않지만 쇼핑, 외식비, 문화 활동비 같은 지출은 얼마든지 조절이 가능합니다. 만약 우리가 지출을 일정 수준 이상으로 낮출 수만 있다면 이는 자산 증가로 이어지게 되어 있습니다. 그러나 잘 알다시피 지출 줄이기가 금방 말처럼 뚝딱뚝딱 되는 것은 아닙니다. 그렇다면 자산을 늘리기 위한 지출 관리 어떻게 해야 할까요?

지출 관리를 위한 몇 가지 팁에 대해 말씀드리기 전에 지출을 체계적으로 줄이기 위한 원칙 딱 한 가지만 먼저 이야기해 보겠습니다. 그 원칙은 바로 '선(先) 저축 후(後) 지출'입니다. 내 계좌에 월급 혹은 소득이 입금되면 지출부터 하는 것이 아니라 무조건 저축부터 한 다음, 남는 돈으로 지출하는 것을 말합니다. 예를 들어 자신의 소득 대비 저축률 목표가 30%라고 한다면 이 금액은 월급이 들어오자마자 자동 이체로 빠져나가게 하고, 나머지 금액만으로 한 달을 살아가는 것입니다. 만약 내 수입이 일정치 않다? 이때는 예비비 항목을 별도로 두더라도 다달이 들어가는 저축만큼은 반드시 지키는 것입니다.

'선 저축 후 지출' 습관을 만들기 위해서 가장 핵심적으로 챙겨야 하는 것은 저축률입니다. 누구라도 쓸 것 다 써가며 남는 것만 가지고서 원하는 수준의 자산을 모을 수는 없습니다. 그렇기 때문에 지출을 통제할 수 있어야 하는데, 이게 쉽지가 않습니다. 소비 본능은 희한하게도 버는 금액에 맞추어 작동됩니다. 그리고 한번 늘어난 지출 규모, 즉 씀씀이는 쉽게 줄어들지가 않습니다. 그래서 지출에 관해서는 패턴을 만드는 게 정말로 중요합니다. 만약 현재 수입 대비 저축률이 10%인데, 30% 이상으로 올리고자 한다면 지출을 20% 줄이고, 이렇게 줄인 금액을 저축으로 옮겨야 합니다. 이렇게 하기 위해서는 지출 패턴을 바꿔야 합니다. 지출 패턴의 변화는 적어도 3개월의 시간을 필요로 합니다. 첫째 달은 바뀐 저축률에 따라 지출을 줄이는 계획을 수립하고, 일부 실천을 해보아야 합니다. 그리고 둘째 달에는 계획과 실행에 따른 오차를 분석한 후 다시 계획을 짜야 합니다. 그리고 마지막 세 번째 달에는 이 과정을 한 번 더 반복함으로써 바뀐 패턴에 익숙해지도록 해야 합니다. 이렇게 되면 바뀐 저축률에 따른 지출 습관이 만들어집니다.

지출 관리를 위한 몇 가지 팁을 더 말씀드리겠습니다. 이미 여러분들이 여러 경로로 익히 들어온 절약 팁들보다는 생각의 변화를 통해서 절약 습관을 만들 수 있는 방법을 소개하고자 합니다.

첫 번째는 할부 사용 습관 대신 일시불 사용 습관을 만드는 것입니다. 마트나 매장에서 카드로 10만 원 이상 물건을 사게 되면 할부로 결제할 것인지 물어봅니다. 이때 무조건 일시불로 해야 합니다. 할부는 빚입니다. 할부로 결제를 하게 되면 빚을 내서 물건을 사는 것과 같습니다. 무이자 할부는 괜찮지 않냐고 묻는 분들이 계시는데, 이자는 내지 않지만 원금을 계속 갚아 나가야 하므로 결국에는 이 또한 빚이라 할 수 있습니다. 소소한 할부가 쌓여서 나도 모르게 매달 허덕였던 경험이 한 번씩은 있을 텐데요, 매달 6개월짜리 할부 결제를 했다고 생각하면 첫 할부가 완납되는 6개월 차에는 매달 결제했던 소액의 할부가 쌓여 결국 일시불로 결제하는 것만큼의 지출을 감당해야 합니다. 그리고 이것이 한 번으로 끝나는 게 아니라 매달 이어지게 되는 거죠. 이처럼 할부가 습관이 되면 언제 어떻게 할부가 쌓여서 개인 경제를 옥죄일지도 모릅니다. 그러므로 반드시 할부가 아닌, 일시불로 결재하는 습관을 만들어야 합니다.

두 번째는 적정 보험료율을 유지하는 습관입니다. 보험을 다 다익선이라고 생각하는 분들이 의외로 많습니다. 만일에 대비해서 가입하는 것인 만큼 많으면 많을수록 좋다고 생각합니다. 하지만 그러려면 많은 보험료를 부담해야 합니다. 특히 암보험, 종신보험 등과 같이 보장성 보험의 경우는 사망, 사고, 질병의 보장에 큰 비중을 두고 있기 때문에 만기가 되더라도 잘해야 원금 정도를 받을 수 있습니다. 이는 일반 저축과 비교할 때 이자를 받는 기회 비용을 잃는 것과도 같습니다. 그래서 과다한 보험료는 절약과 저축을 힘들게 만드는 요인이 됩니다. 저는 재무 컨설팅을 진행할 때 개인마다 여러 가지 환경적 요인을 고려해서 적정 보험료율을 제시하지만, 일반적으로 건강한 4인 가족이라면 통상 월 소득의 10% 이내로 보험료율을 유지하는 것이 좋다고 생각합니다. (만약 내가 그 이상의 수준으로 보험료로 납부하고 있다면 전문가와의 상담을 통해 꼭 한번 보험 재설계를 받아보시기 바랍니다.)

세 번째는 외식에 의미를 부여하는 습관입니다. 사실 외식비는 가장 줄이기 쉽다고 생각하지만 의외로 가장 줄이기 힘든 항목입니다. 왜냐하면 먹는 것, 특히나 맛있는 음식에 대한 욕망은 본능이나 마찬가지이기 때문입니다. 그래서 무조건 외식을 줄이려 하기보다는 특별한 날에만 즐기는 것으로 생각을 전환해보면 어떨까 합니다. 미리 날짜를 정해 놓고 그날만 외식하는 것으로 정하는 것이죠. 예를 들어 가족 생일, 결혼 기념일, 졸업식 등 미리 계획을 세워놓고 정해진 날짜에 맞추어 외식하는 것입니다. 월 2회와 같이 횟수를 정해 놓는 것도 좋은 방법입니다. 날짜를 기다리는 즐거움, 어디에서 무엇을 먹을까 하는 준비와 과정, 그리고 설렘이 담긴 외식은 그동안 별 생각 없이 했던 외식과 비교할 때 훨씬 좋은 맛과 감동 그리고 소중한 추억을 선사합니다.

마지막은 돈을 쓰지 않고도 나를 행복하게 해주는 것을 찾아서 실천하는 것입니다. 대개 우리는 무슨 일을 함에 있어 다 돈으로 생각하는 경향이 있습니다. 또한, 많은 돈을 쓰면 쓸수록 더 좋은 것을 소유하고 누릴 수 있다고 생각합니다. 물론 틀린 생각은 아닙니다. 하지만 꼭 돈을 써야만 항상 좋은 가치를 얻는 걸까요? 돈을 쓰지 않고도 (큰돈을 쓴 것 이상으로) 큰 만족감을 느낄 수 있는 일들도 있습니다. 아이를 사랑하는 방법으로 아이에게 좋은 옷, 비싼 장난감, 맛난 음식을 사주는 것도 있지만, 아이와 함께 동화책을 소리 내어 읽거나 안아주고 스킨십해주는 것, 또는 아이의 친구를 초청해 떡볶이나 스파게티를 만들어 주는 것도 큰돈을 들이지 않고서 커다란 만족감을 얻을 수 있는 일들입니다. 이 얘기가 다소 추상적으로 들릴 수도 있겠지만 가만 생각해보면 우리가 인생을 살며 만나게 되는 중요한 순간들은 대부분 돈보다는 관심과 배려 그리고 사랑으로 이루어져 있는 것들입니다. 우리가 실천해야 하는 절약의 시작은 바로 이 포인트입니다. 마냥 아껴 써야지 하며 의지만 내세워서는 한계가 있습니다. 생각을 바꿔야 진짜 줄일 수 있고 오래갈 수 있습니다.

14

투자보다 대출금부터 갚기

사람들을 만나다 보면 대출이 적지 않음에도 불구하고 주식이나 펀드, ELS(주가연계증권으로 증권사에서 발행, 일종의 간접 투자 상품이라 할 수 있음)와 같은 투자를 병행하는 분들을 자주 보게 됩니다. 대출 원금을 상환하지 않은 채 그저 대출 이자만 갚아가며 투자를 하는 분들이죠. 그 이유를 물어보면 대부분 이렇게들 이야기합니다. "대출 금리보다 더 높은 수익률을 거둘 것 같아서요." 여러분은 어떻게 생각하세요? 과연 좋은 방법일까요? 저는 투자보다는 무조건 대출부터 상환하는 것이 좋다고 말씀드리고 싶습니다. 거기에는 두 가지 이유가 있습니다. 예를 들어

설명해 보겠습니다.

정기 적금 4%(저축) vs 3% 대출(상환)

연이율 4%인 정기 적금과 연이율 3% 이자의 대출이 있다고 가정해 보겠습니다. 여러분이라면 적금에 가입하겠습니까, 아니면 대출부터 먼저 갚으시겠습니까? 대부분의 사람은 1%의 금리만큼 이자 수익을 더 얻을 수 있는 적금에 가입해야 한다고 생각합니다. 하지만 이는 잘못된 선택입니다. 왜 이게 틀렸는지 제 얘기 한번 들어보시기 바랍니다.

첫째, 저축을 통해 얻는 이자 수익에는 반드시 세금이란 놈이 따라붙습니다. 저축 상품은 이자 수익이 발생하면 이자 소득세라는 것을 떼게 됩니다. 소위 '원천 징수'라고 하는데, 이때 적용되는 세금은 15.4%(이자소득세 14%+지방세 1.4%)입니다. 그러므로 적금 금리가 4%라 할지라도 실제 우리가 손에 쥐게 되는 세후 이자는 금리 4%에서 세금을 제외해야만 합니다. 계산해보면 3.384%(4% x (1-15.4%))가 되네요. 반면에 대출 이자에 대해서는 온전히 100%를 다 내야 하므로 적금 금리와 대출 이자의 차이는 0.384%(적금 3.384% - 대출 3%)가 됩니다. 여기까지만 보면 '그래도 역시 적금이 낫네'라고 생각할 수 있습니다. 하지만 다음 내용까지 읽게 되면 생각이 바뀌게 됩니다.

둘째, 월 정기 적금의 금리는 연 정기 예금과 비교할 때 약 절반 정도의 수익률에 해당합니다. 적금의 4% 금리는 예금과 비교할 때 약 1/2, 즉 2%를 조금 넘게 됩니다. 예금이란 목돈을 한꺼번에 은행에 맡기고 이자를 받는 것이고, 적금은 정기적으로 일정 금액을 납입하는 것을 말합니다. 즉, 100만 원으로 4%의 정기 예금에 넣을 경우 1년 후 받게 되는 이자는 약 4만 원(세전 기준)이지만, 적금은 절반 조금 넘는 2.1만 원밖에 되지 않습니다. 왜냐하면 적금 금리는 매월 일정 금액을 납입하는 형태로서 첫 달에 불입한 금액만 1년간 예치하는 것이기 때문에 만기에 해당하는 1년 금리를 적용받고, 두 번째 달 금액은 11개월, 세 번째 달 금액은 10개월, 그리고 마지막 달 불입 금액은 1개월만 지정 금리를 적용받는 식으로 계산됩니다. 그래서 실제로 내가 받는 금리는 예금 금리의 절반을 조금 넘는 약 2.1%에 해당합니다. 하지만 대출 금리는 정기 예금 금리가 적용되는 식으로 계산되기 때문에 3%가 그대로 유지됩니다. 이렇게 본다면 실질적인 금리 비교는 '적금 1.7%(3.384%의 약 1/2) < 대출 3%' 이렇게 됩니다. (이자 계산이 어려운 분은 인터넷에 '이자 계산기'라고 검색해서 이용해보세요.)

왜 대출부터 갚아야 한다고 하는지 이해되시죠? 그러므로 저축 상품의 금리가 조금 높다 할지라도 대출부터 먼저 상환하는 것이 옳은 선택입니다. 그리고 여기에 한 가지 더 숨겨진 비밀을 말씀드리면, 사실 대출 금리보다 높은 이율을 가진 적금은 존재하지가 않습니다. 왜냐고요? 은행은 예대마진(예금 금리와 대출 금리의 차이로 생기는 수익)을 기본 수익으로 삼고 있기 때문에 은행 입장에서 절대 손해 보는 대출 상품을 설계할 이유가 없기 때문입니다.

많은 사람들이 부채 때문에 힘겨워하는 것을 보게 됩니다. 특히나 전세 자금을 마련하거나 집을 장만할 때 상당히 큰 금액을 대출로 끌어안을 수밖에 없는데, 그렇게 생긴 부채는 시간이 흘러도 줄지 않거나 오히려 더 늘어나는 경우가 많습니다. 상황이 이렇다 보니 자산을 모으기는커녕 부채에 발목 잡힌 채 제자리에 멈춰 있거나 오히려 퇴보하는 경우까지 생기게 됩니다. 빚 갚기가 어려운 이유는 결국 저축이 힘든 이유와 동일합니다. 별도의 수입이 생기지 않는 한 현재의 지출을 줄여야 하기 때문입니다. 대출을 상환하는 것도 마찬가지입니다. 저축처럼 지출을 줄여 그 금액을 대출 상환에 사용하지 않는 한 부채는 절대 줄어들지가 않습니다. 그래서 부채를 줄이기 위해서는 아래 세 가지 정도의 특단의 조치가 필요합니다.

첫째, 무엇보다 대출원금상환 유예 제도의 틀에서 빨리 벗어나야만 합니다. 은행은 고객들이 빌려 간 대출금을 빨리 갚는 것을 좋아하지 않습니다. 왜냐하면 대출 이자를 오랜 기간 동안 챙길 수 없기 때문입니다. 그래서 빠른 상환을 막기 위해 두 가지 장치를 만들어 놓았는데 하나는 중도상환 수수료이고, 다른 하나는 대출자들이 흔히 혜택처럼 생각하는 대출원금상환 유예 제도입니다. 이는 대출 후 처음부터 원금 상환을 하지 않고 일정 기간은 대출 이자만 내도록 유예해주는 제도로써, 만약 10년의 장기 대출이라면 3년 정도는 원금 상환 없이 이자만 내도록 한 후, 4년째부터 원금과 이자, 즉 원리금을 갚도록 하는 방식입니다. 이 제도를 통해 대부분의 사람들이 원금 상환에 대한 큰 부담 없이 일정 기간 동안 이자만 납부할 수 있습니다. 마치 소액의 적금 넣듯이 말이죠. 하지만 이는 실제 고객의 입장에서 보면 결코 도움이 되지 않는 제도입니다. 3년 동안 부담을 줄여준다고 생각할 수도 있지만 실질적으로 그 기간 동안 반드시 갚아야 할 원금은 하나도 줄지 않기 때문입니다. 다소 부담이 되더라도 처음부터 이자와 원금까지 함께 상환했다면 3년 후에는 그만큼의 원금이 줄어들었을 것이고, 원금이 적어진 만큼 대출 이자도 함께 줄었을 것입니다.

두 번째는 인센티브나 상여, 연차 수당과 같은 추가 수입이 생기면 무조건 대출 상환에 활용하는 것입니다. 부채를 빠르게 줄이기 위해서는 별도의 수입이 생길 때마다 대출 원금을 우선적으로 갚는다고 생각해야 합니다. 그럴 경우 부채는 우리가 생각하는 것보다 더 빠르게 줄어듭니다. 원금이 줄어들면 당연히 대출 이자 또한 감소하게 되는데, 그럴 경우 줄어든 이자만큼 다시 원금을 갚는 데 활용할 수가 있습니다. 이런 식으로 반복하게 되면 대출 상환의 선순환이 만들어지고, 원래 계획상 5년에 걸려야 갚을 수 있는 대출도 4년 정도면 모두 정리할 수 있을 정도로 빠른 부채 상환이 가능해집니다.

셋째, 대출 상환을 저축보다 높은 이율의 안정적 투자라 생각하는 발상의 전환이 필요합니다. 대출 상환보다 투자를 통해 수익을 올리는 것이 더 유리하지 않을까 고민하는 분들이 의외로 많은데, 앞에서도 잠깐 말씀드린 것처럼 절대 바람직하지 않은 선택입니다. 일단 투자를 통해 대출 금리보다 더 높은 투자 수익률을 올린다는 것이 사실 쉽지가 않은 일이고, 만에하나 투자에 실패했을 때 받게 될 손실까지 고려한다면 이는 상당히 위험한 시도이자 무모한 도전이라 할 수 있습니다. 생각을 이렇게 바꿔보면 어떨까요? 대출 금리를 갚아야 할 이자율이 아니라 투자 수익률이라고요. 앞에서도 잠깐 설명해 드렸던 것처럼 대부분의 대출 금리는 저축 금리보다 높습니다. 게다가 여기에는 세금이 포함되어 있지 않은데 일반 저축상품처럼 15.4%의 원천징수까지 고려한다면 5% 대출 금리는 약 5.9%(5÷(1-15.4))로 거의 1%가량이 올라갑니다. 시중에서 이 정도 수익률을 가진 저축 상품은 거의 찾아보기가 힘듭니다. 그렇다면 당연히 대출을 우선적으로 불입하는 것이 맞겠죠? 바로 이것이 대출 금리를 투자 수익률처럼 생각하라는 이유입니다.

또 어떤 분께서는 대출을 받고 이를 갚아 나가는 것을 일종의 저축이라고 말씀하는 분도 있습니다. 또한 저축을 더 열심히 하려고 일부러 대출을 받고 이를 내 집 장만이나 다른 용도로 쓰는 분들도 있습니다. 권장할 만한 방법은 아니지만 이는 성향에 따른 선택이라고 봐야 할 것 같습니다. 만약 강제성이 있어야 행동으로 잘 옮겨지는 분들이라면 이런 방법을 쓰는 것도 나쁘지 않습니다. 하지만 분명한 건 대출을 받음으로써 대출 이자라는 비용을 부담해야 한다는 것입니다. 어찌 보면 가장 아까운 지출일 수 있습니다. 그럼에도 강제성이 꼭 필요하다면 본인의 성향에 맞춰 선택하시면 됩니다. 다만 대출을 받아 투자하는 부분은 상당히 신중할 필요가 있습니다. 소위 레버리지(=지렛대) 투자를 하는 것인데, 투자를 통해 수익을 얻게 되면 이득이겠지만 반대의 경우 이중 손실을 볼 수도 있기 때문에 웬만하면 추천을 드리지 않습니다. 굳이 리스크를 안으면서까지 모험을 해야 할 이유는 없기 때문입니다.

대출 상환은 수입의 얼마가 적당 할까?

　　많은 분들이 가계 부채를 가진 채 생활합니다. 소비나 지출 규모 때문일 수도 있지만, 대부분은 내 집 마련이나 전세 자금 때문에 어쩔 수 없이 큰돈을 대출받습니다. 아시다시피 대출은 생활 경제를 발목 잡습니다. 월급이나 수입의 적지 않은 부분을 대출 원금과 이자를 갚는 데 써야 하기 때문이죠. 그것도 꽤 오랫동안 말이죠. 그래서 단기간이 아닌, 장기간의 대출 상환은 사람을 지치게 만듭니다. 쉽사리 그 끝이 보이지 않기 때문입니다. 그런데도 빚을 빨리 갚기 위해 저축이나 투자까지 배제한 채 대출 상환에만 온 힘을 기울여 마침내 부채를 청산했다고 가정해 보겠습니다. 무척 기쁠 겁니다. 하지만 기쁨은 잠시뿐입니다. 왜냐하면 빚만 사라졌을 뿐, 집이나 전세금 같은 고정 자산을 제외한 현금이나 금융 자산은 거의 그대로이기 때문입니다. 그래서 많은 사람들이 부채가 있다 할지라도 대개 저축이나 투자를 병행하는 경우가 많습니다. 부채를 갚는 시간은 조금 더 걸리겠지만 금융 자산은 조금이라도 증가하기 때문입니다. 사실 시도 자체는 나쁘지 않습니다. 그러나 문제가 있죠. 앞에서 말씀드린 바와 같이 저축 금리는 대출 금리보다 작을 수밖에 없기 때문에 결코 이자만 봐서는 이득이라 말하기 어렵기 때문입니다. 게다가 주식이나 펀드 같은 투자 리스크까지 고려한다면 상당히 비합리적이라 할 수밖에 없고요. 그런데도 저축 혹은 투자의 병행을 무조건 배제하라고 말씀드리기는 쉽지가 않습니다. 왜냐하면 빚을 다 갚고 난 후에 본격적으로 저축이나 투자를 시작하게 되면 남들에 비해 저축이나 투자에 대한 준비와 경험이 부족할 수밖에 없기 때문입니다. 그러다 보니 이미 대출은 다 갚았음에도 불구하고, 자산 증가는 전혀 이루어지지 않은 분들도 많이 보게 됩니다. 여기에는 섣불리 재테크에 도전했다 실패한 분들도 포함되어 있고요.

지금은 사라졌지만, TV 프로그램 개그콘서트에 '애정남'이란 코너가 있었습니다. '애매한 것을 정해주는 남자'가 등장하여 관습적으로 애매한 것들을 나름의 이유를 들어 재치있게 해결해주는 코너였죠. 예를 들어 설날 아이들 세뱃돈으로 얼마를 줘야 하는지, 화이트데이에는 얼마의 사탕이 적정 수준인지, 남녀가 데이트할 때 각자 부담해야 할 비용은 얼마인지 등 정확한 기준이 없는 것들에 명쾌한 답을 내림으로써 관객들의 호응과 웃음을 이끌었죠. 저 또한 애정남이 되어 답을 드려볼까 하는데요, 질문은 바로 이겁니다. "대출 상환과 저축, 투자. 이 세가지를 병행한다고 하면 각각 어느 정도의 비율이 가장 적당할까요?" 질문만 봐도 애매하죠잉~?

　매월 100만 원을 대출 원금과 이자 상환에 쓰고 있다고 가정해 보겠습니다. 이 경우 두 가지로 나누면 됩니다. 첫째, 저축만 하는 경우는 7:3, 즉 70%는 대출 상환, 30%는 적금과 같은 저축에 넣으시면 됩니다. 둘째, 투자를 생각한다면 8:2로 투자가 20%를 초과하면 안 됩니다. 여러 번 말씀드리는 것이지만 일단 저축이든 투자든 대출 금리를 넘어서기란 쉽지가 않습니다. 그렇다는 것은 금리로는 약간의 손실을 감수해야 한다는 것인데, 그래서 그 비율이 너무 높아서는 안 됩니다. 저축의 경우 30%가 적절한 수준입니다. 투자는 20%를 넘겨서는 안됩니다. 왜냐하면 투자의 경우 원금 손실의 가능성이 있기 때문입니다. 그런데도 필요한 이유는 부채 상환을 다 한 이후 본격적으로 투자에 나서고자 할 때를 대비해 미리 경험을 쌓기 위함입니다. 만약 저축과 투자 두 가지 모두를 병행하고 싶다면 어떻게 해야 할까요? 이것도 답을 드리죠. 대출 70%, 저축 20%, 투자 10%의 비율로 하면 됩니다. 대출도 갚고, 약간의 저축도 하면서 투자까지 하는 일석삼조의 비율이라 할 수 있겠네요. 어떤가요, 애매한 것 확실히 풀리셨죠?

15

소액으로 주식 투자 해보기

지금부터 이야기할 네 가지 공부법은 이전까지 공부했던 것들을 토대로 실제 돈의 흐름을 읽고 투자 연습을 해보는 방법을 담고 있습니다. (소액이지만)내 돈이 들어가는 투자 경험만큼 확실한 공부가 없습니다. 앞으로 주식, 펀드, ETF 그리고 부동산까지 총 네 개의 주제를 가지고 직접적인 투자 경험을 어떻게 하면 좋은지 말씀드리고자 합니다.

본격적인 시작에 앞서 한 가지 당부드리고 싶은 것이 있습니다. 여기서 다루는 내용은 투자 체험을 통해 경제 공부를 잘하기 위함이지 실제 투자를 이렇게 해보라는 뜻은 아닙니다. 투자 체험을 통해 괜찮은 수익률을 거뒀다 할지라도 실제 투자에서 똑같은 성적을 받는다는 보장은 없습니다. 증권사의 모의 투자 대회에서 높은 수익률로 1등을 차지한 투자자도 실제 투자에서는 전혀 힘을 못 쓰는 경우가 허다합니다. 그러므로 경제 공부를 하는 와중에 직접 투자의 기회가 생기더라도 충분한 공부를 바탕으로 진행해야 합니다.

우리나라에는 3대 자산 시장이 있습니다. 주식 시장, 부동산 시장 그리고 채권 시장이 그것입니다. 주식 시장에서는 주식을, 부동산 시장에서는 주택이나 상가와 토지 같은 부동산을 사고팝니다. 그리고 채권 시장에서는 정부와 공공 기관에서 발행한 국공채, 금융 기관에서 발행한 금융채, 기업에서 발행한 회사채 등을 거래합니다. 이중 개인들이 가장 많이 들어가는 곳이 주식 시장입니다. 왜냐하면, 부동산이나 채권 투자와 달리 소액으로도 얼마든지 투자할 수 있기 때문입니다. 또한, 스마트폰이나 PC로도 언제든지 자유로운 매매가 가능하기 때문에 편의성 면에서도 최고라 할 수 있습니다. 여기에 더해 일반 주식 매매의 경우 세금 부담도 거의 없는 편인데, 주식 시장 중 규모가 큰 상장 대기업들이 모여 있는 코스피(KOSPI)의 경우 거래 대금의 0.1%, 벤처와 기술 기업들이 모여있는 코스닥(KOSDAQ)의 경우에는 0.25%의 증권거래세만 내면 됩니다. 증권거래세 외에 양도소득세가 있긴 합니다만 이는 대주주일 경우에만 해당하고, 1

인이 갖고 있는 개별 주식 수가 전체 발행 수의 1% 이상이거나 또는 금액상 15억 원을 초과할 때에만 약 20~30%의 양도 소득세가 부과됩니다. 그러니 대주주가 아닌 일반 주주라면 특별히 신경 쓸 것도 없습니다. (다만 2020년 7월 바뀐 세법 개정안에 의하면 2023년부터는 개인 투자자라 할지라도 연 5천만 원 이상의 투자 수익에 대해 양도소득세가 부과될 예정이라고 합니다.)

본격적인 이야기를 시작하기에 앞서 주식 초보(요즘 용어로 '주린이'라고 하죠)들이 많이 겪는 과정 하나를 설명드리겠습니다. 주식 초보가 처음 투자에 나섰다가 수익을 거두고서 좋아하는 모습을 본 적이 있을 것입니다. 물론 계속해서 수익을 내면 좋겠지만 대부분은 일정 시간이 지나면서 손실을 봅니다. 그 이유가 뭘까요? 공부가 부족하거나 운이 나빠서일까요? 아닙니다. 주식 초보가 초기에 돈을 벌 수 있었던 이유는 투자 시기와 밀접한 관련이 있습니다. 주식 초보란 주식 투자 경험이 없는 사람들입니다. 대부분 은행의 정기 예금과 적금 위주로 자금 운용을 했던 분들이죠. 이들은 주식이나 펀드에 투자했을 때 얻게 되는 수익보다, 혹여나 맞닥뜨릴 수도 있는 원금 손실에 대한 공포 때문에 그동안 '투자는 하면 안 되는 것'으로 생각해왔습니다. 하지만 이들조차도 평소의 생각을 뒤집어 주식 투자에 뛰어드는 시기가 있는데, 그게 언제인가 하면 바로 시장이 상당 부분 과열되었을 때입니다. 방송이나 신문에서 최근 주식 시장이 활황세라며 앞다투어 보도를 하고 심지어 가까운 지인이나 친구들이 주식 투자로 돈을 벌었다는 소문이 여기저기에서 들려올 때입니다. 그때 비로소 '나도 주식 투자에 참여해야 하는 것 아닌가'하는 생각을 하게 됩니다. 이런 상황에서 저축만 하는 건 왠지 손해 보는 것처럼 느껴지니까요. 이후 저축과 투자 사이에서 갈등을 거듭하다 마침내 조심스럽게 주식 투자의 길로 들어서게 됩니다. 그리고 주식 통이라는 친구나 지인으로부터 한두 개 종목을 추천받거나 우리나라 최고 기업이라 할 수 있는 S사 주식을 매수함으로써 본격적인 주식 투자의 세계로 들어서게 됩니다. 초보들이 주식 투자를 통해 기대하는 수익률은 사실 예금 금리+α 정도입니다. 손실에 대한 부담이 높은 만큼 기대 수익률은 상당히 낮은 편이죠. 그러나 주식 시장이 과열되었을 때 이 정도의 수익률은 빠르면 2~3일, 혹은 일주일 만에 도달되기도 합니다. 그러면 주식 초보자들은 곧바로 매도한 후 감격스러워합니다. 1년에 벌 수익을 며칠 만에 벌었으니까요. 이렇게 1차 이익을 거둔 다음 조금 더 지켜보다 2차 투자를 진행합니다. 대개 이번에도 수익을 냅니다. 아직 시장의 상승세가 꺾이진 않았거든요. 이제 주식 초보자는 의기양양해집니다. 그리고 이렇게 생각합니다. '나 아무래도 주식 투자에 숨겨진 재능이 있나 봐.' 이번에는 투자 금액이 커집니다. 그리고 기대 수익률도 올라가게 됩니다. 몰랐던 재능을 발견했으니까요. 그러나 과열된

시장은 어느 순간 조정의 시기를 맞습니다. 무섭게 치솟던 주가는 맹렬하게 하락하기 시작합니다. 이때 주식 초보자는 된서리를 맞게 됩니다. 플러스였던 수익이 어느 순간 마이너스로 전환되고 시간이 갈수록 손실의 폭이 커지게 됩니다. 기다려보지만 상황은 반전될 기미가 보이지 않습니다. 그러나 원금을 포기할 순 없으니 그저 회복되기를 기다릴 수밖에 없습니다. 이렇게 주식 초보자는 원치 않는 장기 투자의 길로 들어서게 됩니다. 그러다 급전이 필요하게 되면 어쩔 수 없이 손실을 안고 주식을 정리하게 됩니다. 이것이 바로 일반적인 주식 초보자들의 눈물 어린 체험기입니다.

사실 주식 투자는 여러 투자 중에서도 상당히 위험하고 어려운 투자 방법입니다. 하이 리스크 하이 리턴(High Risk High Return)의 대표 주자라 할 수 있습니다. 그만큼 많은 개인이 실패하는 게 주식 투자입니다. 그런데도 주식 투자, 보다 정확히는 주식 시장의 구조와 움직임에 관심을 가져야 하는 이유는 주식을 통해 경제 흐름을 파악하는 눈을 키울 수 있기 때문입니다. 예를 들어 주식 시장이 좋아지기 시작하면 일정 시간이 흐른 뒤부터 경기도 좋아지고, 반대로 주식 시장이 나빠지면 경기 또한 점차 안 좋아진다는 것을 시장의 흐름을 통해 확인할 수 있습니다. 단순히 경제 공부를 위해 일부러 주식 투자를 할 필요는 없습니다. 하지만 직접 투자 경험을 해보는 것만큼 빠른 시간 안에 많은 것을 배울 수 있는 공부법도 드뭅니다. 소액이라도 실제 내 돈이 걸려 있다 보면 더 관심을 가지고 들여다보기 때문입니다. 경제 공부를 목적으로 하는 주식 투자를 위해서는 아래세 가지 사항을 잘 체크해야 합니다.

1) 어떤 주식에 투자할 것인가?
2) 어떻게 투자할 것인가?
3) 투자 노트 정리하기

하나씩 이야기해 보겠습니다. 맨 먼저, 어떤 주식에 투자할 것인가? 입니다. 주식 투자의 첫걸음은 바로 투자할 종목을 선택하는 것입니다. 주식 초보자들의 경우 주식 종목에 대해 잘 모르기 때문에 주변의 주식 전문가 혹은 친구들로부터 추천을 받는 경우가 많습니다. 이는 시작부터 잘못된 선택이라고 할 수 있습니다. 자신이 투자할 종목을 스스로 선택하지 않고 처음부터 남들에게 의존한다면 배울 점도 거의 없겠지만, 향후에도 스스로 결정하지 못하는 투자를 하게 됩니다. 그렇다면 투자 공부를 위해서는 어떤 주식을 선택하는 것이 좋을까요? 대기업 우량주, 산업군별 1위 기업(1등 브랜드), 장기 우량 배당주, 이렇게 세 가지를 추천해 드립니다. 먼저, 대기업 우량주는 우리가 가장 많이 알고 있는 굴지의 대기업 중 자신이 가장 선호하는 기업 하나를 선택하는 것입니다. 삼성전자, LG, 현대자동차, SK, 포스코 등 여러 대기업이 있을 텐데 이 중에서 한 곳을 골라도 되고, 다른 방법으로는 주식 시장에서 시가 총액이 큰 기업 중에 하나를 선택해도 됩니다. 다음으로 산업군별 1위 기업을 선택하는 것은 소위 1등 브랜드를 고르는 것입니다. 예를 들어 반도체 하면 삼성전자가 떠오를 것이고, 통신사는 SK텔레콤, 자동차는 현대자동차, 대형마트는 이마트, 화장품은 아모레 퍼시픽 하는 식으로 선택을 하는 겁니다. 그리고 마지막으로 장기 우량 배당주는 배당을 많이 주는 기업을 선택하는 방법입니다. 배당을 많이 준다는 것은 그 기업이 계속해서 흑자를 내고 있다는 뜻이고, 그 이익을 주주들에게 꾸준히 돌려준다는 의미입니다. 그만큼 튼튼하고 알짜배기 회사라 할 수 있습니다.

다음으로, 어떻게 투자할 것인가? 에 대해 얘기해보겠습니다. 우리가 투자를 통해 얻어야 할 것은 수익이 아니라 꾸준히 사고파는 행위를 통해 시장의 상황과 경제 흐름을 몸으로 느껴보는 것입니다. 이를 위해서는 일정의 투자 비용, 즉 수업료가 필요합니다. 권장 드리는 금액은 약 50~100만 원 정도입니다. 절대 이를 초과해서는 안 됩니다. 왜냐하면 금액이 커질수록 공부라기보다는 실제 투자에 가까워지기 때문입니다. 추천 드리는 방법은 일주일에 한 주씩만 매수하는 방식입니다. 매주 요일을 정해 놓고 그때마다 딱 한 주씩만 사되, 가격이 오르고 내리고에 상관없이 투자금을 다 소진할 때까지 사는 것입니다. 예를 들어 삼성전자 주식을 산다고 가정하면 한 주당 단가가 6만 원이고, 한도를 100만 원으로 설정했다면 약 16주 동안 매수할 수 있습니다. 매수 기간 동안 가격이 오르면 수익을 본 금액만큼만 매도를 해서 다시 매수 금액으로 활용합니다. 가격이 떨어지면 떨어진 대로 남은 투자금으로 계속 한 주에 하나씩 매수를 하는 거고요. 가격이 계속 떨어진다고 해도 불안해할 필요는 없습니다. 떨어지면 떨어진만큼 싼값에 주식을 매수할 수 있는 거고, 설사 원금을 다 까먹는다 하더라도 수업료라 생각하면 그만이기 때문입니다. 그사이 우리는 왜 떨어지는지, 어떤 이슈가 주가에 영향을 미치는지 계속 체크하는 공부를 하면 됩니다. 그리고 한 가지 더 추가적인 팁을 드리자면, 꼭 한 종목만 고집하지 않아도 된다는 것입니다. 만약 두 종목(예 : 우량주+배당주)에 관심이 있다면 두 종목을 동시에 매수해도 됩니다. 마찬가지로 수익이 나면 수익 난 금액만큼만 매도를 하고요. 두 종목이라 할지라도 최대한도 100만 원을 초과하지는 않도록 합니다.

투자 체험의 마지막은 투자 노트 정리하기입니다. 매일 하는 것이 가장 좋긴 하겠지만 일주일에 한 번씩 매수한다면 매수 시점에 맞추어 일주일에 한 번만 노트 정리를 합니다. 정리 방법은 간단합니다. 무슨 종목을 얼마에 샀는지 기록해주면 됩니다. 매수가 누적될수록 평균 매수 가격을 산출하고(총금액을 주식 수로 나누어주면 됩니다), 그날의 종합 주가 지수와 함께 주식 시장의 움직임이 어떠했는지 경제 기사를 보고 세 줄 요약을 합니다. 주식 시장 동향을 함께 적어주는 이유는 매수할 때마다 꾸준히 정리하다 보면 큰 틀에서 경기 동향까지도 확인할 수가 있기 때문입니다.

지금까지 말씀드린 3단계 방법으로 약 3~6개월 정도만 투자 체험을 해보면 어느 정도 주식 시장의 흐름과 움직임에 대해 이해할 수가 있습니다. 이는 당연히 투자 연습을 하지 않았을 때보다 훨씬 많은 것을 배우게 되고요. 그리고 필요하다면 코스피가 아닌 코스닥 종목에도 투자해도 좋지만, 코스닥 종목의 경우 변동 폭이 상당히 큰 편이기 때문에 특별히 권장해 드리지는 않습니다. 이처럼 소액이라도 실제 투자 경험을 해보고, 해본 경험을 토대로 투자 노트를 꾸준히 작성한다면 상당히 구체적이고 현실적인 공부가 됩니다. 실제 해보는 것과 이론으로 아는 것의 간극은 꽤 큽니다. 그리고 다시 한번 노파심에 드리는 말씀이지만, 이는 철저히 경제 공부를 위한 투자 연습이므로 실제 투자를 위해서는 이보다 훨씬 더 깊이 있고 구체적인 공부를 해야 한다는 것, 잊으시면 안 됩니다.

배당주에 한번 투자해볼까?

지금은 예전에 비해 많이 달라지긴 했지만 한때 직장인에게 있어 2월은 또 하나의 월급이 들어오는 시기였습니다. 바로 연말 정산 환급금이 들어오기 때문이죠. 소득 공제 혹은 세액 공제를 통해 급여 외에 생기는 별도의 수입은 직장인들에게 쏠쏠한 기쁨을 안겨다 주었습니다. 주식 투자하는 사람들에게도 이처럼 별도의 수입이 생기는 시기가 있는데, 바로 3월이나 4월 배당금이 입금될 때입니다. 집이나 직장으로 날아오는 배당금 통지서는 비록 큰 목돈은 아닐지라도 가벼웠던 주머니를 두둑하게 만들어주는 작은 기쁨을 선사합니다.

주식 투자 방법은 여러 가지가 존재하지만, 그중에서도 배당주 투자는 많은 사람들에게 각광을 받는 방식 중 하나입니다. 주식 투자인 만큼 차익 실현을 기본으로 하되 회사의 수익에 따라 배당까지도 받을 수 있기 때문입니다. 소위 꿩 먹고 알 먹기의 투자 방식이라 할 수 있습니다. 또한 배당주 투자는 투자의 안정성 때문에라도 좋은 투자법이라 할 수 있는데, 주주들에게 매년 꾸준한 배당을 한다는 것은 회사의 매출과 수익이 상당히 양호하다는 것을 뜻합니다.

　사실 배당주에 대한 명확한 기준은 없습니다. 통상 배당을 많이 주는 종목을 배당주라 부르는 거죠. 배당주 투자를 계획하고 있다면 반드시 배당주에 대한 본인 만의 기준을 정해 놓는 게 좋습니다. 예를 들어 한 해 수익이 좋아 배당을 했지만, 다음 해에 회사가 휘청거릴 정도로 흔들린다면 당연히 배당도 없겠죠. 그러나 더 큰 문제는 주가 자체가 급락할 가능성도 있다는 겁니다. 그래서 배당주를 고를 때는 1, 2년 단기가 아닌 최소 3년 이상 꾸준하게 배당을 주는 회사를 기준으로 하는 게 좋습니다. 그래야만 안정적인 투자가 가능해집니다. 과거에 배당했던 내역 등은 인터넷 포털에서 쉽게 찾아볼 수 있습니다. 네이버 (PC)에서 검색한다면 '네이버 홈〉증권〉국내증시〉배당' 순서로, 모바일에서는 '네이버 앱〉증권〉국내〉배당' 순서로 찾아보면 됩니다.

　배당주를 선택하는 기준은 크게 세 가지입니다. 첫 번째는 시가배당률로 얼마나 많은 배당을 주는지 여부입니다. 두 번째는 안정성으로 지속적인 배당 여부이며, 최소 3~5년 정도는 기준을 충족할 필요가 있습니다. 세 번째는 주가 매력도입니다. 한마디로 주가의 저평가 여부입니다.

　시가배당률을 얘기하기 전에 배당률에 대해 먼저 알아보겠습니다. '배당률'은 1주당 배당금을 주식 발행 당시의 액면가로

나눈 것입니다. 예를 들어 주당 배당금이 100원이고 액면가가 1,000원이면 배당률은 10%(100원÷1,000원×100)가 됩니다. 상당히 높은 편이죠? 하지만 실제 투자는 액면가를 기준으로 하지 않습니다. 보통 현재가(시가)를 기준으로 하기 때문에 액면가가 아닌 현재 주가를 기준으로 배당률을 계산해야 합니다. 이것이 바로 '배당수익률'로써, 만약 현재 주가가 10,000원이라고 한다면 배당수익률은 1%(100원÷10,000원×100)가 됩니다. 액면가로 계산한 배당률과 비교하게 되면 상당히 낮은 편이죠. 그리고 마지막으로 '시가배당률'이 있는데, 이는 현재 주가가 아닌 배당 기준일 주가를 기준으로 배당률을 산정한 것입니다. 시가배당률은 여러 배당주들의 배당률을 한눈에 비교하기 쉽도록 할 때 쓰이는 지표라 할 수 있습니다. 투자하는 입장에서는 시가배당률이 가장 중요합니다. 왜냐하면 투자하는 시점을 기준으로 배당률, 즉 수익률을 계산해 봐야 하기 때문입니다. 이때 비교 지표로는 보통 정기예금 금리가 기준이 됩니다. 예를 들어 정기예금 금리가 2%인데 시가배당률이 그 금리에도 미치지 못한다면 사실 배당주로써 매력은 떨어질 수밖에 없기 때문입니다. 그래서 대개 시가배당률은 최소한 정기예금 금리+α 수준은 되어야 합니다.

배당주를 고르는 데 있어 시가배당률 다음으로 중요한 것이 안정성입니다. 이는 얼마나 회사가 안정적으로 운영되는지, 이익을 계속 내고 있는지를 보는 것인데, 이를 볼 수 있는 지표가 바로 3~5년 정도의 지속적인 배당 여부입니다.

마지막으로는 주가 매력도입니다. 배당주 또한 주식 투자의 일종이므로 자본 차익을 위해서는 아무래도 주식의 가격이 저렴할 때 들어가는 것이 좋습니다. 그래야 주가가 많이 올랐을 때 매도할 수도 있을 테니까요. 물론 PBR(Price on Book-Value Ratio, 주가순자산비율)이나 PER(Price Earning Ratio, 주가수익비율)과 같은 기술적 분석을 통해 파악할 수도 있지만, 사실 객관적인 정보라고 말하긴 어렵습니다. 주가에 따라 그 수치 또한 계속해서 변하고, 지금 수치가 낮다 할지라도 향후 주가가 오른다는 보장도 없기 때문입니다. 그리고 배당을 많이 주는 회사의 주식은 이미 그 가치가 주가에 반영되어 있을 가능성이 큽니다. 그러므로 배당주를 선택할 때는 주가 매력도도 중요하지만, 미래에도 회사가 안정적으로 유지될 수 있는지에 초점을 맞추는 것이 더 중요합니다. 결국, 주가 변동성이 크지 않은 상태에서 꾸준하게 배당 수익을 얻을 수 있는 주식이 최고의 배당주라 할 수 있습니다.

안정적인 배당주를 찾았다면 거치식과 적립식 두가지 모두를 활용해 볼 수 있습니다. 거치식의 경우 한 번에 큰 금액을 투자한 후 정기 예금 이자처럼 꾸준히 배당을 얻는 방식이고, 적립식은 정기 적금처럼 꾸준히 매수를 통해 주식 수를 쌓아두고

쌓은 주식 수만큼 배당을 얻는 방식입니다. 두 가지 모두 정기 예적금 금리보다 높은 수익률을 확보할 수 있기 때문에 지금과 같은 저금리 시대에는 괜찮은 투자방식입니다.

만약 배당주 투자에 대한 보다 구체적인 분석과 투자법을 원하신다면 『치과의사 피트씨의 똑똑한 배당주 투자(피트 황 지음)』를 권해 드립니다. 여기서는 '국채상대시가배당률'이란 투자법을 활용하여 배당주에 대한 투자 매력도를 산출하고, 이를 배당 성향과 비교하여 배당주 투자가 적합한지 여부를 객관적으로 파악할 수 있도록 도와주고 있습니다. 관심 있는 분들이라면 일독해 보시기 바랍니다.

16

소액으로 펀드 투자 해보기

주식이나 부동산에 투자하는 방식에는 크게 두 가지가 있습니다. 하나는 누구의 손도 빌리지 않고 스스로 모든 것을 다 알아서 하는 직접 투자, 그리고 다른 하나는 자신이 아닌 누군가, 소위 전문가라고 하는 사람에게 자신의 돈을 맡겨서 투자하는 방식인 간접 투자(신탁)가 있습니다. 간접 투자는 개인들이 투자한 돈을 전문가가 맡아서 운용해주는 만큼 일정 대가인 수수료(정확히는 보수)를 지불해야만 합니다.

이번 글에서 설명해 드리고자 하는 내용이 바로 간접 투자의 대표적인 상품인 펀드(fund)입니다. 펀드는 투자자들의 돈을 모아(Funding) 펀드 매니저가 투자자를 대신해서 운영하는 것을 말합니다. 일반인들이 펀드 투자를 하는 이유는 투자 전문가라 할 수 있는 펀드 매니저가 자금을 대신 운용해 주기 때문에 은행에 저축하는 것 이상으로는 수익을 낼 수 있으리라는 기대감 때문입니다. 그래서 일정 보수를 내더라도 간접 투자를 선호하는 거고요. 하지만 펀드는 원금 손실이라는 치명적 리스크를 가진 투자 상품입니다. 그래서 반드시 가입하려는 펀드가 어떤 상품에 투자되는지, 운용 방식은 어떻게 되는지, 펀드 매니저가 누구인지, 그리고 해당 펀드가 어떤 리스크를 가지고 있는지 분명히 알고 있어야 합니다. 단순히 전문가가 운용한다고 해서 원금 손실이 나지 않는다는 보장은 없기 때문입니다. 또한 아무리 큰 손실이 났다 할지라도 보수는 어김없이 떼어갑니다. 그래서 가입하려는 펀드에 대한 전반적인 개요나 투자설명서를 꼼꼼히 읽어보는 것이 중요합니다. 투자설명서 안에는 펀드 이름, 운용사, 판매사, 투자처 및 운용 방법, 투자 전략, 보수 및 수수료, 운용 실적, 펀드 매니저 소개 등 펀드에 대한 모든 것이 담겨져 있어 투자 전에 반드시 꼼꼼히 읽고 확인해야 합니다. (투자설명서 보는 법은 '더 읽기'를 통해서 말씀드리겠습니다.) 투자설명서를 읽는 것 외에도 '펀드슈퍼마켓(=FOSS)'이나 '펀드 닥터' 같은 사이트에서도 해당 펀드를 검색하면 투자설명서에서 확인할 수 없었던 더 많은 정보를 체크 할 수 있습니다. 그러니 투자를 결정하기 전에 꼭 한번 검색해 보시는 게 좋습니다.

이제 펀드 투자 연습을 해보는 방법을 알려드리겠습니다. 소액으로 주식 투자를 해보는 것과 마찬가지로 펀드 투자에도 아래 세 가지 사항이 전제되어야만 합니다.

1) 어떤 펀드에 투자할 것인가?
2) 어떤 방식으로 투자할 것인가?
3) 투자 노트 정리하기

주식 투자 때와 동일합니다. 하나씩 살펴보겠습니다.

맨 먼저, 어떤 펀드에 투자할 것인가? 입니다. 펀드는 구분 방식에 따라 상당히 많은 유형이 있습니다. 간단하게 살펴보겠습니다.

- 국내형/해외형 : 어느 지역에 투자하느냐에 따른 구분(예 : 미국 펀드, 베트남 펀드, 아시아 펀드, 유로 펀드 등).

- 주식형/채권형/혼합형/부동산 : 어느 시장에 투자하느냐에 따른 구분(주식/채권/부동산 시장).

- 인덱스/배당주 : 주식형 펀드의 일종으로서 주가 지수와 같은 지수에 투자하면 인덱스 펀드로, 배당을 많이 주는 주식에 투자하면 배당주 펀드로 구분.

- 액티브/절대수익/TDF : 투자 전략에 따른 구분. 액티브

(Active) 펀드란 펀드 매니저들이 시장 수익률을 초과하는 수익을 올리기 위해 적극적인 운용 전략을 펴는 펀드. 절대 수익형 펀드란 주식 시장과 상관없이 수익을 내도록 설계된 펀드를 말하며 절대적인 수익을 내기 위해 다양한 전략과 매매 기법을 활용. TDF펀드(타깃 데이트 펀드, Target Date Fund)는 투자자의 나이대에 따라 타깃 데이트(목표 시점)를 설정, 자산 운용사가 알아서 포트폴리오를 변경하는 펀드.

보시는 것처럼 펀드의 종류가 참 많죠? 위 설명만 들어도 이게 뭔 소리야 하는 분들이 많을 것 같습니다. 일단 수천 개가 넘는 펀드가 존재하고, 이 중에서 과연 어떤 펀드가 좋은 펀드인지 그리고 자신에게 잘 맞는 펀드인지는 쉽게 감이 오지 않습니다. 그래서 많은 분들이 본인의 판단보다는 은행 혹은 증권사 직원의 권유로 펀드에 가입하는 방법을 택합니다. 나보다 전문가이며 해당 펀드에 대해 더 잘 알고 있을 거라 생각하기 때문입니다. 하지만 창구 직원들은 고객의 니즈에 적합한 펀드를 판매한다기보다는 본사에서 판매를 종용하는 캠페인 상품을 권유할 가능성이 큽니다. 왜냐하면 그 펀드의 경우 은행이나 증권사에 할당된 판매 수수료가 높고, 창구 직원 또한 자신의 영업 실적을 올려야 할 의무가 있기 때문입니다. 그러므로 투자를 하려는 사람은 스스로 좋은 펀드를 고를 수 있는 안목을 가지고 있는 것이 중요합니다. 여기서 말하는 안목이란 자신의 성향과도 긴밀하게 연결되는데, 아래의 세가지를 잘 체크할 수 있어야 합니다.

　첫 번째는 안정성 위주의 펀드를 선택할 것인지, 아닌지 여부입니다. 안정성이란 손실이 나지 않을 가능성을 말합니다. 즉 원금 보장 확률이 높은 상품이라고 할 수 있습니다. 하지만 안정성이 높을수록 이익의 폭은 낮아질 수밖에 없습니다. 반대로 안정성이 낮으면 높은 수익률을 기대해 볼 수 있습니다. 펀드 유형 중에서는 액티브 펀드가 원금 보장의 안정성은 낮지만 높은 수익률을 기대할 수 있는 펀드입니다. 두 번째는 기대 수익률 기준을 정하는 것입니다. 펀드에 따라 운용사에서 제시하는 일정 수준의 목표 수익률이 있긴 합니다(이는 펀드 설명서에 보면 나와 있습니다). 하지만 그것과는 별개로 자신만의 기준으로 수익률을 정해 놓아야 내 투자 성향과 맞는 펀드를 선택할 수 있습니다. 예를 들어 3~5% 정도의 안정적인 수익률을 기대한다면 액티브 펀드보다는 채권형 펀드나 절대 수익형 펀드가 더 적합합니다. 수익률은 다소 낮더라도 어느 정도의 안정성을 추구하기 때문입니다. 안정성과 수익률을 고려하여 자신에게 맞는 펀드를 선택했다면 한 가지 더 체크할 사항이 있습니다. 바로 보수(報酬)인데, 비슷한 유형과 수익률을 가진 펀드가 있다면 가능한 한 보수가 낮은 펀드를 선택하는 것이 좋습니다. 보수가 높다 해서 수익률까지 더 높다는 보장은 없기 때문입니다. 여기서 잠깐! 보수와 수수료가 헷갈리는 분들이 상당히 많은 편인데, 이렇게 생각하면 쉽습니다. 보수는 펀드를 개인 대신 운용해 주는 대가로 펀드 매니저에게 지급하는 수고비라 생각하면 됩니다. 반면에 수수료는 펀드 운용을 하는데 필요한 여러 가지 비용이라고 보면 되는데, 펀드 가입할 때 미리 내는 선취 수수료라든가 3개월 이내 펀드를 해지할 때 내는 환매 수수료 등입니다.

펀드를 선택하는 데 있어서 여러 가지 관점을 말씀드렸지만 그래도 잘 모르겠다 하시면 국내형 인덱스 펀드(Index Fund)를 추천해 드립니다. 인덱스 펀드는 주가 지수와 연동되어 움직이기 때문에 주식 시장의 흐름을 파악하는데 가장 적합한 펀드라 할 수 있고, 또한 다른 펀드에 비해 보수가 저렴하다는 특징도 가지고 있습니다. 그래서 펀드를 통해 공부하려는 사람에게 가장 잘 어울리는 펀드라 할 수 있습니다. 이 펀드를 선택하셨다면 가입은 가능한 한 은행이나 증권사의 비대면 방식을 통해서 하시기 바랍니다. 그래야 조금이라도 더 낮은 보수를 적용받을 수 있기 때문입니다.

이제 두 번째, 어떤 방식으로 투자할 것인가? 입니다. 주식투자와 마찬가지로 총 투자 한도액은 100만 원으로 하겠습니다. 투자 방법에는 두 가지 방식이 있습니다.

거치식은 한 번에 목돈을 넣어 투자하는 방식으로, 이때 제일 중요한 것은 바로 투자 타이밍입니다. 주식 투자처럼 낮은 가격에 사서 비싼 가격에 팔아야 하기 때문이죠. 만약 거치식으로 투자하길 원한다면 주식 시장 상황을 보고 있다가 어느 정도 주가가 떨어졌다고 판단될 때 펀드에 가입해야 합니다. 적립식은 일정 기간 동안 정기적으로 투자금을 납입하는 방식으로 거치식의 단점을 보완해 나온 투자 방식이라 할 수 있는데, 정기적으로 납입한다면 수익과 손실 모두 거치식의 중간 정도라고 보면 됩니다. 즉, 정기 예금과 정기 적금을 생각해보면 됩니다. 똑같은 금리를 준다고 할지라도 적금의 이자가 예금 이자의 절반에 해당한다는 것과 마찬가지입니다. 적립식으로 투자할 경우 납입 주기는 2주 정도가 좋습니다. 실제 적립식 펀드 투자를 하는 경우는 월 적금처럼 매월 불입하면 되지만, 공부하는 입장에서 한 달은 다소 깁니다. 그래서 2주 단위로 불입하면서 투자 노트도 함께 정리하는 것이 좋습니다. 100만 원의 투자액으로 2주 단위로 불입한다 가정하고 회차별로 약 10~15만 원 정도씩 납입한다면, 총 3~4개월 정도 투자 경험을 해볼 수 있습니다. 만약 기간을 조금 더 늘리고 싶다면 납입 금액을 5~10만 원 정도로 줄이면 되는데, 그럴 경우 투자 기간은 4~6개월로 늘어나게 됩니다. 만약 두 가지 모두를 체험하고 싶다면 거치식과 적립식을 구분하여 돈을 나눠서 투자해도 됩니다. 단 금액이 적어지는 만큼 거치식은 30만 원(혹은 20만 원) 정도로 하고, 나머지 70만 원(혹은 80만 원) 정도는 2주에 한 번 정도씩 적립하는 방식이면 좋습니다.

마지막으로, 투자 노트 정리하기 단계입니다. 정리 방법은 주식 투자 편에서 했던 것과 크게 다르지 않습니다. 만약 2주 단위로 적립식으로 펀드를 매수한다면, 그때마다 펀드의 기준가, 좌수, 총금액을 노트에 정리해주면 됩니다. 적립식이 아닌 거치식으로 매수한다면, 처음에만 펀드의 기준가, 좌수, 총금액을 기록한 후 2주마다 금융 기관 홈페이지에서 변동되는 평가 금액과 수익률을 확인하여 노트에 옮겨 적어주면 됩니다. 그리고 동시에 주식 시장 시황도 요약해야 하는데, '시황 마감' 기사를 본 후 세 줄 요약법으로 정리해주면 됩니다. 인덱스 펀드의 경우는 주가 지수와 거의 동일하게 움직이기 때문에 주식 시황을 체크하는 것만으로도 그 흐름을 이해하기가 쉽지만, 일반 주식형 펀드는 조금 다르게 움직이는 경우도 있습니다. 이때에는 펀드를 가입한 금융 기관 홈페이지에 접속하여 실제 펀드를 구성하고 있는 포트폴리오를 확인해보는 작업이 필요합니다. 예를 들어 삼성전자의 비중이 높다면 이 펀드는 삼성전자의 주가 흐름에 따라 펀드 수익률이 변동되기 쉬우므로 투자 노트를 정리할 때 주식 시장뿐만 아니라 삼성전자의 주가도 함께 적어주면 좋습니다.

주식 투자와는 조금 다르지만 펀드 투자 또한 이런 식으로 투자 경험과 노트까지 정리해 본다면 실제 주식 시장의 움직임은 물론이고 자신이 투자한 펀드의 움직임과 속성까지 알 수 있게 됩니다.

펀드 투자설명서, 이것만 알면 끝!

많은 사람들이 펀드 투자를 할 때 펀드 투자설명서를 제대로 읽지 않습니다. 왜일까요? 읽기 싫어서일까요? 아닙니다. 읽어도 무슨 소리인지 모르기 때문입니다. 더 읽기 코너를 통해서 펀드 투자설명서 읽는 법에 대해 알아보겠습니다. 사실 A부터 Z까지 알 필요는 없습니다. 괜히 머리만 아프니까요. 아래에 있는 네 가지만 확실히 알아두셔도 충분하니 꼭 체크해 두시기 바랍니다.

1) 어디에 어떤 방법으로 투자하는 펀드인가?(투자 목적과 전략)
2) 보수 및 수수료는 얼마나 되는가?
3) 장, 단기 수익률은 어떻게 되는가?
4) 펀드를 운용하는 펀드 매니저는 누구인가?

투자 시 고객에게 제공되는 투자설명서에는 일반 투자설명서와 간이 투자설명서가 있습니다. 일반 투자설명서의 경우 너무 길고 복잡하다 보니 고객들이 조금 쉽고 간단하게 읽을 수 있도록 만들어 놓은 것이 간이 투자설명서인데, 사실 이것만 읽어도 투자하는 데에는 아무런 문제가 없습니다. 여기서는 간이 투자설명서를 예로 설명해 보겠습니다. (투자설명서는 펀드를 매매하는 증권사나 은행 사이트뿐만 아니라 펀드슈퍼마켓, 펀드 닥터 등에서도 다운로드받을 수 있습니다.)

그림 – 인덱스 펀드 개요(이 펀드는 설명을 위한 예시입니다.)

위의 그림은 '교보악사파워인덱스증권투자신탁1호(주식-파생형) Ae'란 이름의 인덱스 펀드로써 펀드슈퍼마켓(=FOSS)에서 정리해 놓은 펀드 개요입니다. 이 개요만 확인하더라도 내가 투자하고자 하는 펀드의 전반적인 내용 파악은 가능합니다. 하지만 큰 금액을 투자하는 것일수록 꼼꼼하게 투자설명서를 읽는 것이 좋겠죠. 위 펀드를 예시 삼아 투자설명서 내의 주요 항목이 무엇을 뜻하는지 하나씩 살펴보도록 하겠습니다.

1) 투자 목적과 전략

어디에 어떤 방법으로 투자하는 펀드인지를 간단하게 기술하고 있습니다. 예시로 든 펀드에는 'KOSPI200 지수의 구성 종목을 복제하는 방식으로 포트폴리오를 구성'으로 되어 있는데, 이 뜻은 이름에도 나와 있는 것처럼 이 펀드가 주가에 연동하여 움직이는 인덱스 펀드라는 것을 의미합니다. 즉 주가의 변동률이 곧 수익률과 직결된다고 볼 수 있습니다.

2) 클래스 종류와 수수료 미 총보수

클래스종류	투자자가 부담하는 수수료 및 총보수 (단위:%)				1,000만 원 투자시 투자자가 부담하는 투자기간별 총비용 예시(단위:천원)				
	판매수수료	총보수	판매보수	동종유형 총보수	1년	2년	3년	5년	10년
수수료선취-오프라인형(A)	납입금액의 1.0% 이내	0.7595	0.6000	0.71	179	261	346	527	1,050
수수료미징구-오프라인형(C)	없음	1.1595	1.0000	1.39	121	246	377	652	1,437
수수료선취-온라인형(Ae)	납입금액의 0.5% 이내	0.2995	0.1400	0.60	83	116	152	228	451
수수료미징구-온라인형(Ce)	없음	0.6595	0.5000	1.03	70	142	218	379	848

그림 - 클래스 종류에 따른 보수와 수수료

대개 펀드 하나가 출시될 때에는 여러 클래스(유형)를 함께 선보이는 것이 일반적입니다. 이 펀드 또한 A, C, Ae, Ce 등 4개의 클래스 종류(일반 투자설명서에는 더 많은 유형이 나와 있습니다)를 가지고 있는데, 이 구분에 따라 보수와 수수료가 달라집니다. 오프라인형은 직접 은행이나 금융 기관을 방문하여 가입하는 형식이기 때문에 당연히 보수가 비쌀 수밖에 없습니다. 하지만 온라인형과 같이 비대면으로 가입하게 되면 투자에 따른 보수를 조금이라도 줄일 수 있게 됩니다. 예를 들어 설명하고 있는 펀드에서는 '수수료 미징구-온라인형(Ce)'으로 가입한다면 총보수는 제일 저렴한 0.6595%가 됩니다. 은행이나 증권사가 가져가는 판매 보수가 0.5%이므로 자산 운용사나 사무, 신탁 은행 등의 보수는 판매 보수를 제외한 0.1595%가 되겠네요. 그림의 오른편에 보면 1,000만 원을 투자했을 때 투자자가 부담해야 하는 비용을 명시해 놓았는데, 총 보수가 약 0.7% 정도가 되므로 연간 약 7만 원 정도가 보수로 나간다고 보면 됩니다. 또한 2~10년 시간이 흐름에 따라 연 7만 원에서 조금씩 초과(2년 차는 14만 원이 아니고 14만 2천 원)하는 것은 투자 수익률을 5%로 설정해 원금이 늘어난다고 가정했기 때문입니다.

3) 장, 단기 수익률은 어떻게 되는가?

투자하고자 하는 펀드의 수익률은 상당히 중요한 항목입니다. 물론 과거의 성과가 앞으로도 계속 이어진다고 확신할 수는 없지만, 그럼에도 비교 지수에 비해 좋은 수익률을 내고 있다는 것은 이 펀드가 잘 운용되고 있다는 하나의 증거라 볼 수 있습니다. 위의 그림에서는 맨 아래 위치한 수수료미징구-온라인형

종류	최초설정일	최근 1년 19.04.02 ~ 20.04.01	최근 2년 18.04.02 ~ 20.04.01	최근 3년 17.04.02 ~ 20.04.01	최근 5년 15.04.02 ~ 20.04.01	설정일이후
파워인덱스증권 1 (주식-파생형)	2006-03-14	-17.70	-13.00	-4.51	-0.18	4.64
비교지수		-19.25	-15.18	-6.92	-2.35	1.94
수익률변동성(%)		25.97	20.77	18.87	16.70	16.70
수수료선취-오프 라인(A)	2006-03-14	-18.34	-13.67	-5.24	-0.94	3.83
비교지수		-19.25	-15.18	-6.92	-2.35	1.94
수수료선취-온라 인(Ae)	2006-08-23	-17.95	-13.26	-4.80	-0.48	4.12
비교지수		-19.25	-15.18	-6.92	-2.35	1.96
수수료미징구-오 프라인(C)	2007-04-06	-18.68	-14.02	-5.62	-1.33	2.44
비교지수		-19.25	-15.18	-6.92	-2.35	1.30
수수료미징구-온 라인(Ce)	2014-08-04	-18.25	-13.58	-5.15	-0.82	-1.41
비교지수		-19.25	-15.18	-6.92	-2.35	-2.97

그림 - 클래스 종류에 따른 펀드 수익률

(Ce)의 수익률을 살펴보겠습니다. 최근 1년이 -18.25%, 3년이 -5.15%로 과히 좋은 편은 아닙니다. 아무래도 지난 3년간 주식 시장 상황이 좋지 못했고, 더군다나 2020년 2월 후반부터는 코로나의 여파로 인해 주가가 급락했기 때문입니다. 게다가 수익률의 기준 시점이 4월 1일까지이기 때문에 이후의 상승 효과는 배제되었다고 볼 수 있습니다.

수익률을 볼 때 인덱스 펀드일 경우 보다 관심을 가지고 지켜보아야 할 것은 바로 비교 지수(벤치마크)와의 차이입니다. +(플러스) 인지, 그리고 얼마나 차이가 나는지 잘 확인해야만 하죠. 투자설명서에 의하면 비교지수는 KOSPI 200지수로써, 펀드의 수익률과 비교해보면 그래도 펀드가 비교 지수보다 조금 더 나은 수익률을 보여주고 있습니다. 이는 KOSPI 200지수를 추종하는 인덱스 펀드 임에도 +a의 수익을 내고 있다는 증거라 할 수 있습니다. 만약 시장 상황이 좋아져 플러스 수익으로 전환하게 된다면 이 펀드는 추가 수익률을 기대해 볼 수도 있습니다.

4) 펀드 매니저는 누구인가?

성명	생년	직위	운용현황 (2020.04.01기준)		동종집합투자기구 연평균 수익률(파생형, 단위:%)				운용경력 년수
			집합투자 기구 수	운용규모	운용역		운용사		
					최근1년	최근2년	최근1년	최근2년	
박찬	1971	책임운용 전문인력	26개	28,290 억원	-17.62	-12.98	-17.67	-13.00	20년 8개월
임지영	1979	부책임운 용전문인 력							12년 2개월

그림 - 펀드 매니저 약력 소개

이 펀드를 운용하는 펀드 매니저는 두 명으로, 한 명은 책임자 그리고 또 한 명은 부책임자입니다. 표에 의하면 2020년 4월 1일 기준으로 두 사람은 약 26개의 펀드를 운용 중이며, 그 규모는 무려 2조 8천억에 달합니다. 어마어마하죠? 여기서 관심을 가지고 봐야 하는 사항은 펀드 매니저의 경력이 얼마나 되는지 그리고 얼마나 많은 펀드(집합 투자기구)를 운용하고 있는가, 입니다. 자료에 의하면 두 사람 모두 10년이 넘었으므로 운용 경력은 풍부할 것으로 생각됩니다. 하지만 26개의 펀드를 운용하는 것은 다소 많은 듯합니다. 그런데도 이 교보악사파워인덱스증권투자신탁1호(Ae) 펀드 하나가 두 사람의 펀드 매니저가 운영하는 전체 금액의 42%에 해당하기 때문에 펀드 매니저와 자산운용사 입장에서는 상당한 관심을 가지고 관리할 것으로 예상됩니다. 그렇다면 좀 더 나은 수익률을 기대할 수 있겠죠?

위 네 가지 사항 외에도 주요 투자 위험에 대한 안내와 매입, 환매 방법, 과세 등도 간이 투자설명서에 나와 있는데, 이는 일반 펀드 모두 비슷한 내용이기 때문에 한 번 체크하듯 읽어보기만 해도 됩니다.

17

초보에게 추천하는 ETF 투자 해보기

2000년대 중반 한창 펀드에 관해 공부하고 투자하던 시절, ETF
를 접하는 순간 바로 짝사랑에 빠지고 말았습니다. 이것이야말
로 바로 개인이 투자하기 가장 좋은 맞춤형 상품이란 생각이 들
었기 때문입니다. 저는 주위 분들이 주식 투자를 하고 있다는
이야기를 들으면 가능한 한 하지 말라고 말리는 편입니다. 왜냐
하면 주식 투자는 아무리 공부를 열심히 한다고 할지라도 투자
에 성공할 가능성보다는 오히려 손실을 볼 가능성이 크기 때문
입니다. 하지만 ETF는 반대로 웬만하면 (공부해서) 하라고 권합
니다. 왜냐하면 ETF는 열심히 공부하면 할수록 그리고 제대로

된 투자법만 익히면 개인도 충분히 수익을 낼 수 있는 금융 상품이기 때문입니다. 그만큼 개인 투자자에게 최적화된 상품이라 할 수 있습니다.

먼저 ETF가 무엇인지부터 설명드리겠습니다. ETF는 'Exchange Traded Fund'의 약자로써 한글로는 '상장지수 펀드'라 불리는데, (ETF와 인덱스 펀드는 비슷한 것 같지만 다릅니다. 지수 연동이란 점에서는 동일하지만 인덱스 펀드는 펀드 매니저가 운용하는 것이고, ETF는 투자자가 직접 운용합니다.) 사실 잘 와닿지 않으니 먼저 영문 풀이부터 해 보겠습니다. 먼저 Exchange는 일반적으로 교환, 주고받음, 환(煥)의 의미가 있으면서 '거래소'라는 뜻으로도 사용되는 단어입니다. 여기서는 주식이 거래되는 장소, 즉 거래소란 의미로 쓰이고 있죠. Traded는 Trade의 수동형으로 거래, 교역, 무역 등을 의미합니다. 마지막으로 Fund는 굳이 설명하지 않아도 되겠죠? 이렇게 본다면 ETF, 'Exchange Traded Fund' 란 '주식 시장 거래소에서 거래되는 펀드'라는 뜻이 됩니다. 즉, 거래의 편의성을 추구하기 위해 펀드를 주식 시장에서 쉽게 매매할 수 있도록 만들어 놓은 것입니다. 주식 시장에서 거래하지만 주식이 아니라 펀드라는 것이 특이점입니다.

'상장지수 펀드'라는 한글 이름도 조금 어려운데요, 이 단어도 해석해보죠. 여기서 상장(上場)이란 시험이나 어떤 일을 잘했을 때 교장 선생님이 우리에게 주는 그런 상장(賞狀)이 아니라,

'주식이나 어떤 상품을 매매 대상으로 하기 위해 해당 거래소에 일정한 자격이나 조건을 갖춘 물건으로 등록하는 일'을 뜻합니다. 즉, 주식 시장에 (거래가 가능하도록) 등록해 놓았다는 의미가 됩니다. 두 번째로 지수(指數)는 '어떤 흐름을 수치로 변환해서 확인할 수 있는 지표'로 주가 지수, 환율 지수, 유가 지수, 골드 지수 등 다양한 지수가 있습니다. 상장과 지수라는 두 가지 의미를 연결해 보면 '상장지수 펀드'란 '각종 지수를 주식 시장에 상장해 거래할 수 있도록 만들어 놓은 펀드'라고 정의할 수 있습니다. 한마디로 얘기해, 여러 지수에 연계시킨 펀드를 주식처럼 사고팔 수 있도록 만들어 놓은 상품이 바로 ETF입니다.

2018년 말 기준 미국 ETF 시장의 규모는 약 3조 6천억 달러 (약 4,140조 원, 환율 1,150원/달러 기준)로 대한민국 ETF 시장 규모인 약 50조 원과 비교했을 때 무려 80배가 넘습니다. 대한민국 1년 예산인 400조 원과 비교해 봐도 10배를 넘으니 대단한 규모라 할 수 있습니다. 우리나라 ETF 시장은 2002년 4개 종목, 약 3,400억 원 규모로 시작되었는데, 매년 폭발적 성장세를 보이며 2019년 말 기준 약 51.7조 원의 규모로까지 성장했습니다. 종목 수는 450개까지 늘어났고요. 금액 면에서는 약 150배, 종목 면에서는 112배가 증가했습니다. 그야말로 대단한 성장이라 하지 않을 수 없습니다. 여기에 유사한 상품 유형이라 할 수 있는 ETN(상장지수채권)까지 ETF 시장 범위에 포함시킨다면 성장

가능성은 그야말로 무궁무진하다 할 것입니다.

ETF의 장점을 좀더 살펴보도록 하겠습니다.

1) 실시간 매매가 가능하다

2) 빠른 현금화가 가능하다

3) 필요한 금액만큼 현금화할 수 있다

4) 매우 저렴한 펀드 보수

ETF의 가장 큰 장점은 주식처럼 실시간 매매가 가능하다는 것입니다. 즉 펀드처럼 하루 한 번 정해지는 기준가에 의해 가격이 변동되는 것이 아니라, 주식과 같이 장중에는 실시간으로 가격이 변동되는 특징을 가지고 있습니다. 이러한 특성 때문에 ETF는 일반 펀드가 환매 시 가지고 있는 문제점을 완벽하게 개선했다고 볼 수 있습니다. 일반 펀드의 경우 환매를 할 때 정확한 가격(기준가)을 알고 파는 것이 불가능하지만, ETF의 경우 주식 팔 듯 자신이 선택한 가격에 파는 것이 가능합니다.

두 번째 장점은 빠른 현금화입니다. 펀드 투자를 하다가 자금이 필요할 때, 그리고 자금 조달을 위한 다른 방법이 없을 때 우리는 현금 확보를 위해 보유한 펀드 계좌를 해지합니다. 하지만 펀드 환매를 신청한다고 해서 현금이 바로 자신의 계좌로 입금되진 않습니다. 최소 2~3일 이상을 기다려야만 하죠. 이렇게 시간이 걸리는 이유는 펀드라는 바구니 안에 들어 있는 상품이 주식이나 채권이기 때문입니다. 이들을 팔아야만 현금이 확보될 수 있으니까요. 이때 걸리는 시간이 최소 2~3일이고, 만약 환매하려는 펀드가 해외 펀드일 경우에는 더 많은 시간이 소요되는데 약 7~10일, 심지어는 15일이나 걸리는 것도 있습니다. 하지만 ETF는 주식처럼 거래되기 때문에, 주식을 현금화하는 데 걸리는 시간인 2일, 정확히는 D+2일이면 현금화가 가능합니다. 즉 매도 체결이 되고 2일 뒤면 자신의 계좌에 현금이 들어와 있는 거죠. 이는 펀드와 비교할 때 가장 최소한의 시간 안에 현금화가 가능한 펀드 상품이라 할 수 있습니다.

세 번째 장점은 필요한 금액만큼만 현금화할 수 있다는 것입니다. 일반 펀드는 자금이 필요한 경우 계좌를 해지해야만 합니다. 하지만 ETF는 그렇지 않습니다. 예를 들어 한 주당 3만원 하는 KODEX200(우리나라 주식 시장을 대표하는 200개 종목으로 구성된 KOSPI 200지수에 연동된 ETF) 종목을 167주 보유하고 있다고 가정해 보겠습니다. 만약 여기서 100만 원이 필요하다면 167주에서 34주(=102만 원)만 매도하면 됩니다. 200만 원이 필요하다면 67주(=201만 원)만 팔아 현금화하면 되겠죠.

마지막으로 네 번째 장점은 보수입니다. 일반적인 주식형 펀드의 보수는 가입 금액의 약 1~3% 수준, 인덱스 펀드는 조금 더 저렴한 0.6~1.0% 정도, 그리고 ETF는 0.015~0.6%로 이보다 훨씬 더 낮은 보수 체계를 가지고 있습니다. 어떻게 이럴 수 있을까요? 여기에는 여러 가지 이유가 있을 수 있겠지만 가장 큰 이유는 ETF 운용사 간 과당 경쟁 때문입니다. 예를 들어 보죠. 앞에서 설명한 KOSPI 200지수를 쫓아 움직이는 ETF는 하나만 있는 게 아닙니다. KODEX200(삼성자산운용), TIGER200(미래에셋운용), KBSTAR200(KB자산운용), KINDEX200(한국투자신탁운용) 등 대형 자산운용사라면 거의 다 하나씩 운용하고 있습니다. 다만 운용 보수는 회사별로 모두 상이한데 그렇다 하더라도 일반 주식형 펀드나 인덱스 펀드보다 훨씬 더 저렴하게 책정되어 있습니다. 한화자산운용의 ARIRANG 200의 경우는 0.04%로 1천만 원을 투자할지라도 보수로 내야 하는 비용은 연 4천원밖에 되지 않습니다. 보수에 대해 별도 생각을 하지 않아도 될 정도로 저렴하다고 할 수 있습니다. 그렇다고 해서 무슨 문제가 있느냐 그런 것도 아닙니다. 어차피 ETF란 지수를 추종하는 인덱스 펀드의 일종이기 때문에 해당 ETF가 지수의 흐름만 잘 반영하고 있다면 어떤 자산 운용사의 ETF라 할지라도 품질상의 차이가 있는 건 아닙니다. 그렇게 본다면 당연히 소비자의 입장에서는 보수가 낮은 ETF를 고르는 것이 옳은 선택입니다. 물론 보수 외에도 ETF를 선택하는 또 다른 기준들이 있긴 하지만, 별다른 문제만 없다면 낮은 보수를 가진 ETF를 선택하는 것이 투자자로서 좋은 선택입니다.

또한 ETF 투자를 하게 되면 ETF 내 어떤 주식이나 채권 종목이 포함되어 있는지, 그리고 어떤 비율로 투자되고 있으며 성과는 어떻게 나고 있는지를 해당 자산운용사 홈페이지를 통해 쉽게 확인할 수가 있습니다.

이처럼 ETF는 많은 장점이 있는 투자 상품입니다. 최근에는 ETF로 돈이 몰리면서 ETF의 종류도 무척 다양해지고 있습니다. 국가별, 산업별, 테마별 등 매우 다양한 기준으로 주식 종목들을 묶어 ETF로 만들어 놓았기 때문에 본인의 관심에 맞춰 투자하는 것도 가능해졌습니다. 주당 가격이 비싸 우리가 쉽게 넘볼 수 없었던 대기업들의 주식들도 10만 원만 정도를 가지고서도 투자할 수 있는 만큼, ETF는 소액으로 다양한 투자가 가능한 만능 상품입니다. 아래는 ETF의 유형별 구분입니다.

- 국내 시장 지수 ETF : 일반 주식 시장의 지수를 추종하는 ETF. KOSPI 200지수(예:KODEX 200)나 코스닥150 지수 (예:KODEX 코스닥 150)를 추종하는 ETF가 대표적.

- 실물 자산 ETF : 일반 주가 지수가 아닌 실물 자산 지수를 추종하는 ETF. 금, 달러, 원유, 콩, 옥수수 등 다양한 자산에 투자.

- 주식 섹터 ETF : 주식 시장의 각 섹터별 지수를 추종하는 ETF. 건설, 에너지화학, 제약, 헬스케어 등 다양한 섹터에 투자.

- 주식 테마 ETF : 주식 종목들을 테마별로 엮어 만든 ETF. 삼성그룹, 고배당, 가치 투자, 턴어라운드 등 다양한 테마별로 투자.
- 해외 주식 ETF : 나라별 주식 시장의 주가 지수를 추종하는 ETF. 미국, 중국, 유럽 등 다양한 국가에 투자.

다양하죠? 최근에는 ETF 투자가 대세가 되어감에 따라 ETF만 가지고도 충분히 다양한 포트폴리오를 구성할 수 있을 정도가 되었습니다. 어떤가요, 거래의 편리성, 장점, 보수, 상품의 다양성 등등을 고려할 때 이만하면 ETF 투자에 관심을 가져볼 만하지 않나요? 그런데 아마 이런 분들도 있을 것 같습니다. 솔직히 하나도 모르겠다, ETF라는 용어도 이 책을 통해 처음 접했다, 하시는 분들이요. 괜찮습니다. 지금부터 하나씩 배워 나가도 충분합니다. 경제 초보자가 투자에 대한 공부를 해야겠다 결심했다면 주식, 펀드보다 ETF를 추천해 드립니다. 추후에 주식이나 펀드 투자로 전환할지라도 처음에는 ETF를 통해 경험 쌓기를 하는 것이 좋습니다. 적은 비용으로 주식과 펀드 투자의 이중 경험을 동시에 해볼 수 있기 때문입니다. 그러므로 지금까지 설명드린 내용이 잘 이해되지 않는다 하더라도 제가 추천해 드리는 방법으로 연습해보시기 바랍니다.

아래 종목은 ETF 투자 경험을 설명하기 위한 예시입니다. 경제 공부를 하기 위한 용도로써 손실이 발생할 수도 있습니다.

그러므로 반드시 본인이 감당할 수 있는 소액 범위 내에서 투자 연습을 해보시기 바랍니다. 투자 종목은 국내 주식 ETF와 해외 주식 ETF, 두 종류로 하겠습니다. 왜 아래의 ETF를 추천해 드리는가 하면 ETF 중에서 가장 대표성이 있는 종목이자 국내 증권거래소를 통해서 사고 팔기가 가능하기 때문입니다.

  - 국내 주식 ETF : KODEX 200
  - 해외 주식 ETF : TIGER 미국 S&P 500 선물

ETF 투자는 주식 투자와 동일합니다. 그래서 증권 계좌가 있어야 하고, 핸드폰이든 PC든 매매 프로그램이 설치되어야 합니다. 저는 적립식 펀드 투자와 동일한 방식으로 매수하는 걸 추천해 드립니다. 즉 날짜를 정해 놓고 2주 단위로 꾸준히 매수합니다. 2020년 3월 2일 종가 기준으로 KODEX 200은 27,450원이며, TIGER 미국 S&P 500 선물은 34,740원입니다. 이 단가를 기준으로 2주 단위로 매수한다고 할 때 약 100만 원을 한도액으로 고려한다면 약 16주(약 4개월) 정도를 매수할 수 있습니다. 물론 가격이 상승한다면 매수 기간이 줄어들 수밖에 없겠지만, 반대로 가격이 하락한다면 매수 기간은 더 늘어나게 됩니다. 투자하는 동안은 가격이 떨어질 수도 오를 수도 있습니다. 가격이 떨어진다고 하더라도 계획했던 대로 꾸준히 매수를 진행합니다. 반대로 가격이 오른다면 매도를 시도해 봅니다. 이를 위해서는 앞서 주식 때와 마찬가지로 원금은 그대로 둔 채 수익

금액만큼만 매도합니다. 반대로 가격이 계속 떨어지게 되면 손절매(손실을 감수하고 매도하는 행위)를 해서라도 원금의 일부라도 건져야 하는 거 아니냐고 생각하실 수도 있을 텐데, 그 방법은 권해 드리지 않습니다. 왜냐하면 이는 공부 수준을 넘어 투자 기술에 해당되기 때문입니다. 대신 ETF는 지수에 투자하는 만큼 일정 시간이 지나면 대부분 원래 가격대로 회복될 가능성이 높습니다. 그러므로 손실이 나더라도 그때까지 기다리며 주식 시장의 흐름을 잘 관찰하는 게 좋습니다. 손실의 흐름을 보는 것 또한 공부의 일부분이라 할 수 있습니다. 이는 주식 투자에도 동일하게 적용되는 얘기입니다.

마지막으로 역시나 투자 노트를 정리해야 합니다. 주식 투자 편에서 정리한 것과 같이 매수 시기에 맞춰 각각의 ETF에 대해 날짜, 단가, 수량, 총금액을 기록해주면 됩니다. 동시에 국내와 미국의 주식 시장 시황을 간단히 세줄 요약법으로 정리해주면 되고요. ETF는 지수 연동 펀드이기 때문에 주식 시장 상황만 꾸준히 잘 정리해주면 그 움직임을 쉽게 이해할 수 있다는 장점이 있습니다. 그러므로 ETF 투자 공부를 할 때는 수익률에 일희일비하는 것보다는 주식 시장의 흐름을 이해하는 쪽에 초점을 맞추어 투자 노트를 정리하면 됩니다. 간혹 매수 타이밍에 대한 질문을 하시는 분들이 계시는데, 적립식으로 할 경우는 크게 신경 쓰지 않아도 됩니다. 적립식은 한꺼번에 목돈을 투자하는 거치식과는 달리 적금식으로 금액을 쪼개서 불입하므로 매수 시기가 분할되는 효과가 있기 때문입니다. 즉 꾸준히 한주씩 매수한다고 생각하면 됩니다.

ETF는 인덱스 펀드의 일종이기 때문에 주가 지수의 움직임을 공부하는 데 유리하고, 펀드긴 하지만 주식 형태로 되어 있기 때문에 주식 투자와 같은 기분을 느낄 수 있습니다. 즉 주식과 펀드의 양쪽을 다 경험하고 공부해 볼 수 있는 투자법이라고 할 수 있습니다. 그래서 저는 주식/펀드 투자를 해보는 습관보다 ETF 투자를 해보는 습관을 더 추천해 드립니다.

ETF를 활용한 자산 배분 전략 투자

재테크의 3원칙이 있습니다. 수익성, 안정성, 환금성이 그것인데요, 당연히 수익을 낼 수 있어야 하고, 투자함에 있어서 안정적이어야만 하며, 필요할 때 바로 현금화할 수 있어야 합니다. 이는 매우 중요한 원칙이라 할 수 있습니다. 저는 개인적으로 위의 3원칙 중 '안정성'과 그리고 제가 하나 더 추가하는 '장기성', 이 두 가지를 가장 중요한 원칙으로 생각하고 있습니다. 하나씩 설명 드려 보겠습니다.

안정성은 재테크를 하는 데 있어서 가장 중요한 요소입니다. 사실 안정성을 위해서는 목표 수익률을 낮추면 됩니다. 고수익을 원할수록 당연히 높은 리스크를 떠안아야 하기 때문입니다. 저수익을 생각한다면 일정 수준 이상의 안정성은 확보됩니다. 하지만 안정성 때문에 수익률을 무한정 낮출 수는 없습니다. 그럴 바엔 차라리 정기 예금이나 적금을 들면 되니까요. 안정적 수익률에 대한 명확한 답은 없습니다. 그래서 딜레마라 할 수 있습니다. 어쩌면 확정 금리가 아닌 변동 금리, 원금 손실 가능성을 가진 상품에 투자하면서 안정성을 논한다는 것 자체가 말이 안 되는 것일 수도 있습니다. 그러나 방법은 있습니다. 리스크에 대한 일정 수준의 헷지(Hedge, 위험 회피 또는 위험 분산)를 만들어두고 투자를 하는 겁니다. 100% 안전하지는 않지만 그럼에도 리스크를 분산하거나 피해갈 수 있는 장치를 만들어 두게 된다면 조금은 더 안정적인 투자가 가능해집니다.

두 번째로 장기성은 투자를 함에 있어 가장 중요한 요소라 생각합니다. 왜냐하면 장기적인 투자를 하기 위해서는 먼저 지속적인 투자가 전제되어야 하기 때문이죠. 즉 실패하면 안된다는 겁니다. 투자에 있어 한 번의 실패는 치명적인 손실을 가지고 옵니다. 물론 개별 종목이 아닌 주가 지수에 연동 된 인덱스 펀드 같은 경우 시간이 해결해 줄 수도 있지만, 그렇다고 해도 무척 긴 시간을 기다려야 됩니다. 예를 들어 세 번의 투자를 통해 두 번은 성공하고, 한 번은 실패하게 되면 성공률은 67%로, 괜찮다고 볼 수 있지만 이것이 반복되면 전체 수익률은 결코 좋다고 볼 수 없습니다. 오히려 경우에 따라서는 손실을 볼 수도 있죠. 그렇기 때문에 작은 수익률이라 할지라도 꾸준히 수익을 내는 투자법이 중요하고, 더 나아가 실패 없이 장기적으로 투자할 수 있다면 이것이 최고의 방법입니다.

그렇다면 안정성과 장기성, 두 가지 조건을 모두 충족할 수 있는 투자법이 있을까요? 100% 완벽하다고 할 순 없지만 근접한 투자법은 있습니다. 바로 '자산 배분 전략 투자'라는 것입니다. 자산 배분이란 시장 변화에 대응하기 위해 보유 자산을 나누는 것을 말합니다. 소위 포트폴리오라고 부르는데, 하나의 가방에 여러 개의 서류를 넣는다는 의미입니다. 쉬운 설명을 위해, 시장 변화에 따라 서로 반대 방향으로 움직이는 두 가지 자산(주식 vs 채권, 또는 주식 vs 금)을 보유했다고 가정해 보겠습니다. 반대 방향으로 움직인다는 것은 주식이 오를 때 채권이나 금 가격은 내리고, 주식이 내릴 때는 채권, 금 가격이 오른다는 것을 말합니다. 이런 식으로 두 개의 자산을 갖고 있다면 하나가 오를 때 하나는 내리기 때문에 시장이 어떻게 변하든 보유 자산의 합계는 제로가 됩니다. (우산 장수와 부채 장수 이야기 아시죠?) 즉, 개별 자산 가격의 변화가 있을지라도 전체적으로는 제로섬(zero-sum, 합계는 0)에 그친다는 거죠. 이런 식의 구성을 자산 배분이라 하며 리스크를 제거하기 위한 좋은 방법이라 할 수 있습니다. 다만 제로섬으로 인해 리스크는 회피했지만 수익 내기는 어려워졌다고 할 수 있습니다. 하지만 해결 방법이 있습니다. 바로 리밸런싱(Re-balancing, 재분배)이란 묘수입니다. 쉽게 예를 들어 보겠습니다.

가격이 1만 원인 종목 A, B에 각각 50만 원씩 총 100만 원을 투자했다고 가정하겠습니다. 한 달 후 A는 10%(1.1만 원)가 올랐고, B는 -10%(0.9만 원)가 되었습니다. 이때 리밸런싱을 실행하게 되는데, 기준은 간단합니다. 원래의 비중대로만 재조정하면 됩니다. 원 비중인 50%에 맞추기 위해 A는 수익이 발생한 만큼 매도(5.5만 원(1.1만 원×5주))하고, 그 금액에 맞춰 B를 매수(5.4만 원(0.9만 원×6주))해주는 겁니다. 이렇게 하면 다시 원래의 비중인 5:5에 맞춰지게 됩니다. 리밸런싱했다 할지라도 별다른 변화는 없는 것으로 보입니다. 하지만 여기에 중요한 핵심 포인트 하나가 숨어 있습니다. 바로 B의 수량이 늘었다는 겁니다. 이는 B의 가격이 원래대로 회복될 경우 증가한 주식 수만큼 추가 수익이 생긴다는 의미입니다. 즉 수익금을 매도하여 싼 가격의 다른 종목을 조금 더 매수하는 방식입니다. 이런 식으로 소위 '야금야금' 수익을 내는 방법이 바로 리밸런싱입니다.

이처럼 자산 배분이란 메인 요리에 리밸런싱이란 맛깔난 소스를 뿌리는 것이 바로 '자산 배분 전략 투자'입니다. 이 투자법의 장점은 역시나 안정성이라 할 수 있는데, 여기에 더해 별다른 고민 없이 장기 투자가 가능하다는 점은 이 투자법을 더욱 매력적으로 만들어 줍니다. 즉 일반적인 투자는 매수와 매도를 반복해야 하므로 아무리 잘한다고 할지라도 한두 번의 실패를 피해가기는 어려운데, 이 방법은 비중만 유지한 채 수익금으로만 사고팔기를 반복해 불확실성을 제거할 수 있다는 장점이 있습니다. 즉, 시스템적인 장기 투자가 가능하다는 겁니다. 다만 한 가지 단점은 큰 수익률을 기대하긴 어렵다는 것입니다. 그런데도 연평균 4~5% 정도의 수익률은 가능하며, 더불어 비중만 유지한 채 계속해 투자한다면 이는 복리식 투자가 되기 때문에 오히려 장기적으로는 다른 투자법보다 훨씬 더 높은 이익을 거둘 수가 있게 됩니다. 어떤가요, 괜찮은 투자법이지 않나요?

　자산 배분 전략 투자 방법에 대해 보다 자세하게 알고 싶다면 『주식 투자 ETF로 시작하라』(systrader79/이성규 지음)와 『마법의 돈 굴리기』(김성일 지음) 책을 참고하시기 바랍니다. 앞의 책은 자산 배분 전략 투자의 다양한 방법을 제시하는 책이고, 뒤의 책은 이를 좀 더 쉽게 설명해 주는 책입니다. 또한 『마법의 돈 굴리기』에서는 ETF 초보 투자자들을 위한 자산 배분 종목 예시도 함께 보여주고 있으니 투자에 관심이 있다면 꼭 확인해 보시기 바랍니다.

18

부동산 투자 시뮬레이션 해보기

2019년 중반까지 부동산 시장, 특히 아파트 가격은 천정부지로 치솟았습니다. 그중에서도 서울 강남을 비롯한 주요 신도시와 수도권 지역의 아파트 가격은 일반인들이 생각하는 정상 범위를 벗어나 비정상적으로 오르고 또 올랐습니다.

물론 여기에는 여러 가지 이유가 있습니다. 공급보다 수요가 많았기 때문일 수도 있고, 전세와 매매의 가격 차이가 얼마 안 되었기 때문일 수도 있습니다. 더 나아가 대한민국 인구의 20%가 80%의 주택을 소유하고 있다는 통계상의 이유 때문일 수도 있습니다. 이러한 비정상적인 주택 가격을 잡기 위해 정부에서는 계속해서 부동산 시장을 압박하는 정책들을 내놓고 있습니다. 주택 매매 차익에 대한 양도세 감면 혜택을 줄이는 것은 물론이고, 주택을 담보로 한 대출 한도의 규제, 주택 소유에 대한 보유세까지. 규제책을 지속적으로 내놓고 있습니다. 이외에도 과거에는 권장했던 임대 주택 사업자의 여러 가지 혜택들도 축소하고 있습니다. 하지만, 한 번 치솟은 가격은 쉽사리 떨어지지 않습니다. 여기에는 '부동산 불패'라는 믿음이 여전히 작용하고 있기 때문입니다. 사실 개인적으로 볼 때 지금의 주택 가격은 분명 문제가 있다고 생각합니다. 평범한 사람이 학교를 졸업해 일반 직장에 취업해서 열심히 일하며 돈을 모아 그 기간이 10년에서 15년 정도 지났다면 당연히 보금자리 하나 정도는 마련할 수 있어야 하는데, 지금은 20년은 고사하고 30년을 모아도 내 집 한 채 마련하기가 쉽지 않기 때문입니다. 이는 분명 비정상적이라 봐야합니다. 그런 이유로 일부 젊은이들은 집 장만은 포기한 채 자동차나 자신이 좋아하는 다른 취미에 돈을 쓰며 욜로족처럼 살아갑니다. 굳이 옆 나라 일본의 '잃어버린 20년'을 언급하지 않더라도 우리나라 또한 부동산 가격 조정의 시기는 분명히 올 것입니다. 다만 갑자기 오게 되면 경제적 충격이 클 수 있기 때문에, 정부에서도 연착륙이 될 수 있도록 각종 정책을 펼치고 있습니다.

부동산 가격의 고평가, 저평가 여부를 떠나 직접 부동산 투자를 연습해봐야 한다고 말씀드리는 이유는 누구나 인생을 살아가며 최소 한 번 이상은 해야 하는 일이 부동산 거래이기 때문입니다. 앞서 언급했던 주식이나 ETF 투자 등은 안 하고도 살수 있습니다만, 부동산 거래를 하지 않고서는 살 수가 없습니다. 그래서 부동산은 생활의 도구로써 알아둬야 할 기본적인 경제지식입니다. 그래서 이왕이면 부동산 거래를 좀 더 경제 공부와 연결해 재테크에도 도움이 되는 방향으로 공부하면 좋겠습니다.

부동산 투자는 크게 두 가지 범주로 나눌 수 있습니다. 하나는 내 집 마련으로, 이는 엄밀히 말해 투자라 보긴 어렵지만 그럼에도 워낙 큰 자금과 더불어 레버리지(대출)까지 활용해야 하므로 투자라 볼 수 있습니다. 그리고 다른 하나는 집이 아닌 다른 부동산, 즉 임대주택(전/월세), 상가, 토지 등을 구입함으로써 가격이 오를 때 월세, 임대료와 같은 수수료 수익을 올리는 투자입니다.

부동산은 앞서 주식, 펀드, ETF 투자와는 다르게 소액으로 직접 투자해볼 방법이 없기 때문에 일종의 시뮬레이션 형식으로 부동산 투자 공부를 간접 체험해 보도록 하겠습니다. 그리고 임대 주택, 상가, 토지와 같은 본격적인 부동산 투자보다는 내 집 마련이라는 주제에 한정해서 이야기해보겠습니다. 아래와 같은 세 가지 방식으로 진행해 봅니다.

1) 자신이 사고 싶은 지역과 아파트를 검색한다.

2) 충분한 정보 습득 후 현장 조사를 나간다.

3) 필요한 자금(세금 포함) 계획을 수립한다.

부동산 투자 시뮬레이션의 첫 번째는 시장 조사로써 자신이 살고 싶은 지역과 매수하고 싶은 주택을 검색하는 단계입니다. 이는 현재 자신이 살고 있는 지역이 될 수도 있고, 혹은 앞으로 살고 싶은 지역이 될 수도 있습니다. 이때 한 가지 주의할 점은 내 집 장만을 너무 투자의 관점으로 접근하지 말라는 것입니다. 많은 사람들이 내 집 마련을 할 때 향후 가격 상승에 대한 기대까지 포함하여 매수를 고민합니다. 이왕이면 다홍치마라고 한 가지 결정을 통해 두 가지 이상의 이득을 취하려는 행동입니다. 물론 내가 산 주택의 가격이 매수 시점보다 더 올라간다면 이는 분명 즐거운 일이 아닐 수 없습니다. 하지만 그 집을 팔고 다른 집으로 이동하지 않는 한 주택 가격의 상승은 사실 큰 의미가 없습니다. 팔지 않는다면 내 주머니로 들어오는 수익은 없으며 집은 가격이 오르든 내리든 상관없이 그저 내가 살아가는 터전일 뿐입니다. 그러므로 자신이 살고 싶은 지역과 주택을 선택할 때는 투자의 측면보다는 '이곳이라면 내가 평생 살아도 괜찮겠다'라는 마음으로 접근하는 것이 좋습니다. 특히나 지역은 더욱 중요합니다. 오래 살다 보면 그곳이 제2의 고향이 될 수도 있기 때문입니다. 그래서 투자 관점보다 주거의 관점으로 선택하는 것이 나중에 가격이 오를 걸 생각하더라도 더 낫습니다. 결국 내가 살고 싶어 하는 지역이 다른 사람들도 살고 싶어 하는 곳이 될 수 있기 때문입니다.

지역 선정을 할 때 최소 네 가지 환경은 반드시 고려해야만 하는데 주거, 교통, 교육 그리고 기타(향후 개발계획 등) 환경이 바로 그것입니다. 이 네 가지 모두를 만족할 수 있는 곳이 있다면 최상이겠지만 사실 이런 지역은 이미 주택 가격이 상당히 높을 가능성이 큽니다. 그러므로 네 가지 환경에 대한 우선순위를 먼저 세워두는 것이 필요합니다. 제일 좋은 선택은 현재는 조금 불편하지만 향후 개선될 여지가 있는 곳을 고르는 것입니다. 최선이 아닌 차선을 선택하는 거죠. 해당 지역에 대한 향후 개발 계획 정보는 시뮬레이션 두 번째 단계인 현장 조사를 통해서도 구체적인 파악이 가능합니다.

부동산 업계에서는 현장 조사하는 것을 '임장(臨場)'이라고 합니다. 임장을 나갈 때는 아래 두 가지 사항 정도는 미리 체크해 보고 현장에 나가는 것이 좋습니다. 먼저 네이버, 다음, 구글 등에서 제공하는 로드뷰 또는 스트리트뷰를 활용해서 미리 해당 지역을 눈에 담아 놓고 가는 것입니다. 주요 주거 시설이나 교통 환경, 그리고 은행, 주민센터, 공원, 마트와 같은 편의 시설 체크 등을 충분히 지도와 사진을 통해 예습하는 거죠. 그리고 현장에 가서는 직접 눈으로 확인하며 실측하는 시간으로 활용합니다. 그러면 시간도 절약되고, 혹여나 놓칠 수 있는 것까지 체크할 수 있게 됩니다. 다음으로는 해당 지역에 살고 있는 사람들의 이야기를 직접 들어보는 것입니다. 물론 그 지역에 위치한 부동산 중개인을 직접 만나 궁금한 점을 물어볼 수도 있지만 당장 실거래를 할 목적이 아니라면 아무래도 다양하고 구체적인 정보를 줄 중개인은 흔치 않습니다. 그렇다고 초보자인 내가 마치 실수요자인 것처럼 행동하기도 어렵고요. 그렇기 때문에 중개인보다는 거주 주민들이 일상적으로 나누는 부동산 이야기를 듣는 것이 더 낫습니다. 이 경우 지역 맘카페를 체크하는 게 가장 좋은 방법입니다. 질문을 남겨도 충분한 답을 들을 수 있고, 이미 올려져 있는 정보에 대한 검색만으로도 지역의 부동산 정보를 얻을 수 있기 때문입니다. 이 지역에 대한 개발 계획 또한 여기서 확인 가능한데, 이런 정보들은 부동산 중개인 혹은 관련 사이트를 통해 다시 한번 이중 체크를 할 필요가 있습니다.

부동산 시뮬레이션 공부로써 현장 조사는 이 정도면 충분합니다. 다만 실제 투자(내지 이사) 계획이 있다면 적어도 한 달에 한 번, 혹은 두 달에 한 번 정도는 미리 가보는 것이 좋고, 계절별 혹은 중요한 부동산 이슈가 터졌을 때는 꼭 다시 방문해 보는 것이 좋습니다. 바뀐 상황에 따라 여러 축적된 정보를 종합

해서 판단하는 것이 필요하기 때문입니다. 그리고 현장을 다닐 때는 그 지역의 부동산 중개인과 안면을 트는 것이 중요합니다. 한 군데가 아닌, 여러 곳의 부동산 중개소를 돌아다니며 그들이 전하는 각각의 이야기를 들어 봐야 합니다. 중개인마다 조금씩 다른 이야기를 할 수 있는 만큼 종합적으로 판단하는 게 좋습니다. 이사나 투자에 대한 계획을 1년 정도 앞두고 있다면 매물 하나하나를 두고 얘기할 필요는 없고, 시장 분위기를 중심으로 질문하는 게 중요합니다. 이미 확보된 정보를 점검한다고 생각하며 질문과 답을 이어가는 게 좋습니다. 그리고 이렇게 다니다 보면 비교적 자신의 성향과 잘 맞거나 친절하게 대해주는 중개인을 만날 수 있는데, 이때부터는 친밀해지는 것이 관건입니다. 그러면 1년 뒤에 실제 매매를 하려고 할 때도 훨씬 좋은 정보를 얻을 수가 있습니다. 그러므로 두 번째 방문부터는 빈손으로 가지 말고, 반드시 음료수 세트라도 들고 가시기 바랍니다. 친밀한 관계가 형성되면 꼭 직접 찾아가지 않고 전화로도 충분한 커뮤니케이션이 가능합니다.

이제 부동산 투자 시뮬레이션의 마지막 공부이자 가장 중요한 자금 조달입니다. 내 돈만으로 부동산 투자를 하시는 분들은 거의 드물죠? 대부분은 대출을 끼고 진행하는데, 그래서 자금 계획을 얼마나 구체적으로 잘 짜느냐가 매우 중요합니다. 좋은 매물을 놓치기 싫어 허겁지겁 급하게 대출을 알아보다가는 원치 않게도 비싼 이자로 대출을 받게 됩니다. 그렇기 때문에 평소에 부동산 투자를 상정해두고, 내 자산 현황을 점검하고 모자라는 돈을 어떻게 마련할지 미리미리 준비해두는 게 필요합니다. 실제 매매를 한다 생각하고 필요한 자금 계획을 어떻게 세우고 준비해야 할지 지금부터 알려드리겠습니다. 예를 들어 사고자 하는 아파트의 가격이 5억 원이고 현재 자신이 최대로 동원할 수 있는 자금이 3억 원입니다. 그렇다면 2억은 어떻게 마련할 것인지 대책을 세워야겠죠. 만약 은행 대출이 필요하다면 실제 은행에 가서 상담도 받아봐야 합니다. 얼마까지 대출받을 수 있고 더불어 나의 현재 신용도로는 어느 정도의 금리까지 가능한지 말이죠. 그리고 일반 시중 은행뿐만 아니라 저축은행, 그리고 증권사나 보험 회사에서도 대출이 가능하기 때문에 그쪽으로도 문의를 해봅니다. 특히 자신이 보유하고 있는 금융 상품이 있다면 그 상품을 담보로 한 대출도 가능한데, 보험 상품 중에서는 대출과 연계된 상품이 많으니 이 부분도 미리 점검해보면 좋습니다. 그리고 한 가지 더, 가급적 직접 방문해서 상담을 받는 것이 중요합니다. 대출 담당자와 직접 대면해서 이야기를 나누다 보면 의외로 유용한 정보를 얻을 수 있습니다. 이때 활용 가능한 팁 한 가지를 알려드리자면 지인이나 인맥을 통해 은행 담당자를 미리 소개받은 후 방문하시는 것이 좋다는 것입니다. 아무래도 생면부지의 사람보다는 소개를 통해 온 고객에게 더 신경 써서 상담에 응할 테니까요. 이때도 역시나 음료수라도 사 들고 가면 분위기가 좀 더 부드러워지겠죠?

대출 규모를 최대한으로 했음에도 불구하고 자금이 부족하다면 다른 방법을 강구해야 합니다. 바로 전세나 월세를 끼고 (시세 차익을 목적으로 주택의 매매 가격과 전세금 간의 차액이 적은 집을 전세를 끼고 매입하는 갭투자를 의미하는 건 아닙니다) 집을 구하는 방법입니다. 이 경우 전월세 보증금만큼 자금을 줄일 수 있기 때문에 시뮬레이션 상으로는 보다 쉽게 접근할 수 있는 방법입니다. 물론 이때는 해당 주택에 세입자가 거주하고 있으므로, 그 기간만큼은 입주를 못 한다는 가정하에 계획을 세워야 합니다.

또한 자금 계획에는 대출뿐만 아니라 주택 취득 시 부담해야 하는 취득세, 등록세, 부동산 중개인에게 내야 할 수수료는 물론이고 향후 이사 비용까지도 모두 계산에 넣어두어야 합니다. 여기에 더해 실제 매매를 할 때의 방법, 순서, 처리해야 할 일까지 적어 놓는다면 완벽한 시뮬레이션이 됩니다. 요즘은 부동산 관련 블로거나 유튜버들이 매매 절차나 세금 등에 대해 잘 정리해서 올려놓은 정보들이 많으니 검색을 통해 이런 내용을 확인해보셔도 좋을 것 같습니다.

19

추천 경제 도서/고수/방송 리스트

지금까지 경제 도서 읽기부터 시작해서 부동산 투자 시뮬레이션까지 다양한 공부법에 대해 이야기를 나누었습니다. 이 많은 걸 다 해낸다면 정말 경제 박사가 될지도 모릅니다. 하지만 앞서도 말씀드린 것처럼 이것들을 모두 다 실천에 옮기는 것은 사실 불가능한 일입니다. 그리고 공부법에 따라서는 일부는 경제 초보가 하기에 쉬운 것도 있지만 또 어떤 것은 초보들이 소화하기에 다소 어렵게 느껴지는 것도 있습니다. 그래서 나에게 꼭 필요한, 나와 맞는 한두 개의 공부법에 집중해야 한다는 말씀을 자주 드리게 됩니다. 이번 글에서는 여러분의 경제 공부를 도울 수 있는 책과 칼럼니스트 그리고 경제 관련된 유튜브, 팟캐스트 방송 등을 소개해 드리고자 합니다.

추천 도서

개인적으로는 책 읽기 공부를 가장 우선적으로 권하고 싶습니다. 대부분의 책에는 저자가 오랜 기간 고민한 흔적이 담겨 있습니다. 자신의 이름과 명예를 걸고 쓴 책이기 때문에 그 무게감과 책임감이 상당할 수밖에 없습니다. 또한 개념부터 실제 케이스까지 간접 경험을 해볼 수 있는 기회를 얻을 수 있고, 저자의 인사이트와 팁까지도 한 번에 얻을 수 있습니다. 소개해 드리는 책 중에는 쉽게 읽히는 책도 있지만, 다소 어렵게 느껴지는 책도 있습니다. 하지만 매일 최소 30분씩은 무조건 읽어 나가는 걸 강조 드리고 싶습니다. 잘 읽히지 않더라도 물리적 시간을 쓰게 되면 시간과 노력, 정성의 마법이 시작됩니다. 또한 단순히 읽는 것에만 그치지 않고, 직접 리뷰라는 걸 해보면서 (간단히 실행할 수 있는 방법으로 세 줄 요약법에 대해 말씀드렸죠) 자신이 얻은 정보를 재조합 하는 활동까지 하게 된다면 최고의 공부가 될 수 있습니다.

아래 리스트 중에는 서점에서 더 이상 판매하지 않는 절판 도서들이 일부 포함되어 있습니다. 이 도서들은 도서관에서 빌려 읽어도 되고, 중고 서점에서 구입해 보셔도 좋습니다. 모든 책을 다 읽기 보다는 자신의 관심 분야에 대한 책 중 쉬운 책부터 먼저 읽거나 테마별로 한 권씩을 골라 읽어보는 걸 추천해 드립니다.

경제의 기본 개념을 이해하는 데 도움이 되는 책들

1) 경제의 전반적 틀과 흐름을 이해하는 데 도움이 되는 책

『호황 VS 불황』 군터 뒤크 저, 안성철 역, 원더박스

『도넛 경제학』 케이트 레이워스 저, 홍기빈 역, 학고재

『복잡하지만 단순하게』 닐 존슨 저, 한국복잡계학회 역, 바다출판사

『복잡계 개론』 채승병 저, 삼성경제연구소

『불황의 경제학』 폴 크루그먼 저, 안진환 역, 세종서적

『신호와 소음』 네이트 실버 저, 이경식 역, 더퀘스트

『돈은 어떻게 움직이는가』 임경 저, 생각비행

『프랙털 이론과 금융시장』 브누아 B. 만델브로트, 리처드 L. 허드슨 공저, 이진원 역, 열린책들

『위기는 왜 반복되는가』 로버트 B. 라이시 저, 안진환/박슬라 공역, 김영사

『댄 애리얼리, 경제 심리학』 댄 애리얼리 저, 김원호 역, 청림출판

2) 자본주의의 본질을 이해하는 데 도움이 되는 책

『EBS 다큐프라임 자본주의』EBS 자본주의 제작팀 저, 가나출판사

『자본주의 4.0』아나톨 칼레츠키 저, 위선주 역, 컬처앤스토리

『성장숭배』클라이브 해밀턴 저, 김홍식 역, 바오

『보통 사람들의 전쟁』앤드루 양 저, 장용원 역, 흐름출판

『그들이 말하지 않는 23가지』장하준 저, 김희정/안세민 공역, 부키

『부는 어디에서 오는가』에릭 바인하커 저, 안현실/정성철 공역, 알에이치코리아

『불평등의 대가』조지프 스티글리츠 저, 이순희 역, 열린책들

3) 경제, 금융의 역사를 이해하는 데 도움이 되는 책

『세계 금융시장을 뒤흔든 투자 아이디어』피터 L. 번스타인 저, 강남규 역, 이손

『금융 투기의 역사』에드워드 챈슬러 저, 강남규 역, 국일증권경제연구소

『화폐전쟁』쑹훙빙 저, 차혜정 역, 알에이치코리아

『금융 오디세이』차현진 저, 인물과 사상사

『붕괴』애덤 투즈 저, 우진하 역, 아카넷

『금융의 지배』니얼 퍼거슨 저, 김선영 역, 민음사

4) 경제 학자와 그 이론을 이해하는 데 도움이 되는 책

『죽은 경제학자의 살아있는 아이디어』토드 부크홀츠 저, 류현 역, 김영사

『세속의 철학자들』로버트 L. 하일브로너 저, 장상환 역, 이마고

『지금 애덤 스미스를 다시 읽는다』도메 다쿠오 저, 우경봉 역, 동아시아

『공산당 선언』칼 마르크스/프리드리히 엥겔스 공저, 이진우 역, 책세상

『자본론 공부』김수행 저, 돌베개

『자본주의와 자유』밀턴 프리드먼 저, 심준보/변동열 공역, 청어람미디어

『21세기 자본』토마 피케티 저, 장경덕 역, 글항아리

5) 인간의 삶과 경제 관계를 이해하는 데 도움이 되는 책

『총, 균, 쇠』재레드 다이아몬드 지음, 김진준 역, 문학사상

『문명의 붕괴』재레드 다이아몬드 지음, 강주헌 역, 김영사

『사피엔스』유발 하라리 저, 조현욱 역, 김영사

『일의 발견』조안 B. 시울라 저, 안재진 역, 다우

『자연은 어떻게 움직이는가?』페르 박 저, 정형채/이재우 공역, 한승

『엔데의 유언』카와무라 아츠노리 등 저, 김경인 역, 갈라파

고스

『에너지 혁명 2030』 토니 세바 저, 박영숙 역, 교보문고

실전 투자 공부에 도움이 되는 책들

1) 투자 개념을 정립하는 데 도움이 되는 책

『현명한 투자자』 벤저민 그레이엄 저, 이건 역, 국일증권경제연구소

『피터 린치의 투자 이야기』 피터 린치/존 로스차일드 공저, 고영태 역, 흐름출판

『하워드 막스 투자와 마켓 사이클의 법칙』 하워드 막스 저, 이주영 역, 비즈니스북스

『통섭과 투자』 마이클 모부신 저, 이건/오인석 공역, 에프엔미디어

『돈 뜨겁게 사랑하고 차갑게 다루어라』 앙드레 코스톨라니 저, 김재경 역, 미래의 창

『보도 섀퍼의 돈』 보도 섀퍼 저, 이병서 역, 북플러스

『원칙 Principles』 레이 달리오 저, 고영태 역, 한빛비즈

『행운에 속지 마라』 나심 니콜라스 탈레브 저, 이건 역, 중앙북스

『경제를 읽는 기술』 조지프 엘리스 저, 이진원 역, 리더스북

2) 주식 투자를 공부하는 데 도움이 되는 책

『위대한 기업에 투자하라』 필립 피셔 저, 박정태 역, 굿모닝 북스

『시장변화를 이기는 투자』 버튼 G. 맬킬 저, 이건/김홍식 공역, 국일증권경제연구소

『소음과 투자』, 리처드 번스타인 저, 한지영/이상민 공역, 북돋움

『문병로 교수의 메트릭 스튜디오』 문병로 저, 김영사

『가치투자, 주식황제 존 네프처럼 하라』 존 네프/스티븐 L. 민츠 공저, 김광수 역, 시대의창

『전략적 가치투자』 신진오 저, 이콘

『주식 시장을 이긴 전략들』 박상우 저, 도서출판 원

『치과의사 피트씨의 똑똑한 배당주 투자』 피트 황 저, 스마트북스

3) 펀드 투자를 공부하는 데 도움이 되는 책

『모든 주식을 소유하라』 존 보글 저, 이은주 옮김, 비즈니스맵

『현명한 자산배분 투자자』 윌리엄 번스타인 저, 김성일 역, 에이지21

『뮤추얼 펀드』 존 보글 저, 황영기/노동래 공역, 연암사

『펀드투자 핵심 노하우』 마경환/이관순 저, 이레미디어

『좋은 펀드 나쁜 펀드』 신관수 저, 이레미디어

4) ETF 투자를 공부하는 데 도움이 되는 책

『현명한 ETF 투자자』 리처드 페리 저, 이건 역, 리딩리더

『ETF 투자 무작정 따라하기』 윤재수 저, 길벗

『주식투자 ETF로 시작하라』 systrader79/이성규 공저, 이레미디어

『마법의 돈 굴리기』 김성일 저, 에이지21

『ETF 투자의 신』 강홍보 저, 한스미디어

5) 부동산 투자를 공부하는 데 도움이 되는 책

『대한민국 부동산 투자』 김학렬 저, 알에이치코리아

『다시 부동산을 생각한다』 채상욱 저, 라이프런

『부동산 투자, 흐름이 정답이다』 김수현 저, 한국경제신문

『앞으로 10년, 대한민국 부동산』 김장섭 저, 트러스트북스

『부동산 투자 이렇게 쉬웠어?』 신현강 저, 지혜로

『아파트 투자의 정석』 제네시스박 저, 비즈니스북스

『나는 부동산 싸게 사기로 했다』 김효진 저, 카멜북스

경제 고수

무협지를 보면 강호(江湖)란 단어가 꼭 등장합니다. 원래의 뜻은 강(江)과 호수(湖)가 있는 자연이나 환경을 뜻하지만 무협지에서는 무술 실력이나 힘이 뛰어난 사람들, 즉 강호(强豪)들이 모여있는 곳을 지칭합니다. 강호에는 대개 두 가지 타입의 고수

가 존재합니다. 널리 이름이 알려진 유명한 고수 그리고 자신의 이름을 숨기며 살아가는 무명의 고수. 경제 고수들 중에서도 TV 방송이나 언론과 같은 대형 미디어를 활용해 적극적인 활동을 펼치는 유명 경제 전문가가 있는 반면, 잘 알려지진 않았지만 자신만의 블로그나 개인 채널을 활용해 조용히 자신의 의견을 펼치는 재야의 고수도 있습니다.

경제 공부를 하는 입장에서는 두 가지 타입의 고수를 적절히 잘 활용할 수 있는 전략이 중요합니다. 왜냐하면 두 고수의 주장에는 분명한 차이점이 존재하기 때문입니다. 유명 고수의 경우 자신이 소속되어 있는, 혹은 자신에게 수입을 가져다주는 기관, 매체의 관점이나 이익을 대변하는 내용(특히 개별 주식에 대한 애널리스트의 분석 리포트가 종종 그런 경향이 있죠!)이 포함될 수도 있고, 여러 사람들을 대상으로 하는 만큼 내용 자체가 다소 일반화되기도 합니다. 그만큼 쉽다고도 볼 수 있습니다. 반면 재야의 고수들은 눈치 볼 게 없으니 비교적 자유로운 의견 개진이 가능하고, 자신만의 주장도 확실합니다. 그래서 타깃층도 명확한 편입니다. 두 타입의 고수들 사이에서 자신의 성향과 관점, 그리고 수준에 잘 맞는 고수를 찾아서 이들의 칼럼이나 방송 등을 구독하는 것이 좋습니다. 그리고 나랑 잘 맞는 칼럼니스트가 있다면 즐겨찾기를 한 후 글이 올라올 때마다 계속해서 읽어 나가면 됩니다. 그전에 올라온 글들도 틈틈이 읽어보면 좋고요. 상당히 많은 경제 고수들도 역시 선배 고수들의 칼럼을 읽으며 실력을 키워왔습니다.

자, 이제 유명 고수와 재야의 고수가 누구인지 알려드리겠습니다. 온라인 블로그 명이거나 언론 매체 등지에서 연재되는 칼럼 명 중심으로 정리했습니다. 칼럼 명과 고수 이름을 함께 검색하시면 금방 찾을 수 있습니다. 간단하게 한 줄 설명을 덧붙였습니다. (운영자의 사정상 블로그 이름이 바뀌거나 채널이 없어질 수도 있습니다.)

유명 고수

1) 홍춘욱의 시장을 보는 눈 : 현 EAR Research 대표이자 숭실대학교 금융경제학과 겸임교수, 대표적 애널리스트 출신의 경제 전문가이자 『환율의 미래』, 『50대 사건으로 보는 돈의 역사』의 저자. 다양하고 체계적인 경제 상식과 관점을 얻을 수 있습니다. (네이버 블로그)

2) 한상춘의 국제경제 읽기 : 한국경제신문의 객원논설위원 국제 경제에 일가견이 있는 경제 전문가. 국제정세와 글로벌 경제 움직임에 대해 배울 수 있습니다. (한국경제신문)

3) 현문학 기자의 돈 되는 중국경제 : 매일경제 기자로 중국 사회의 산업, 기업, 시장 등 다양한 경제 현황에 대한 이

야기를 전하고 있습니다. (매일경제신문)

4) 김학균의 금융의 속살 : 신영증권 리서치센터장입니다. 금융, 금리, 상품, 투자 전망 등 다양한 금융에 대한 이야기를 풀어내고 있습니다. (경향신문)

5) 성태윤의 경제 인사이트 : 연세대 경제학부 교수이며 경제 흐름과 전망을 통계적 수치와 함께 다양한 관점에서 바라볼 수 있습니다. (서울신문)

6) 서명수의 이솝투자학 : 중앙일보 기획위원으로 투자에 대한 다양한 시각을 키워주는 칼럼을 주로 씁니다. 읽는 재미가 있는 글입니다. (중앙일보)

7) 김현석의 월스트리트나우 : 한국경제신문의 뉴욕 특파원으로 뉴욕 금융시장에서 발생하는 각종 이벤트의 상세 소식을 접할 수 있습니다. (한국경제신문)

재야 고수

1) 김성일 － 삶 사랑 사람(지민지호아빠) : 『마법의 돈 굴리기』의 저자, 자산 배분 전략과 경제 인사이트에 대한 여러 상식들을 배울 수 있습니다. (네이버 블로그)

2) Santacroce의 세상 이야기(Santacroce) : 여러 국가들의 다양한 제도와 경제 상황들을 아주 쉽고 알차게 풀어줍니다. (네이버 블로그)

3) 레비앙의 부동산 공부(레비앙) : 부동산 공부를 원하는 사람들을 위한 기초부터 중급까지, 친절한 부동산 전문 블로그입니다. (네이버 블로그)

4) 문선생의 도시와 경제 이야기(문선생) : 부동산 관련 상식과 더불어 주요 경제 뉴스를 매일 요약, 공유해 주고 있습니다. (네이버 블로그)

5) No more bets(nomore 노모벳) : 금융공학 전공자의 블로그로써 공학자의 관점에서 경제와 금융에 대한 이야기를 풀고 있습니다. (네이버 블로그)

6) 경제학 산책(카난) : 거시 경제, 미시 경제 등 경제학에 대한 폭넓은 자료를 보유하고 있습니다. (네이버 블로그)

7) 플레인바닐라투자자문(플레인바닐라) : 펀드, 해외 상품 투자 등 심화 정보가 필요한 사람에게 도움이 되는 블로그입니다. (네이버 블로그)

8) 댕기왕자의 투자 이야기(댕기왕자) : 개인 투자자의 주식 투자 블로그 (네이버 블로그)

9) 45세 F.I.R.E 프로젝트(성웅) : 매일 돈 공부와 자기 계발에 대한 본인의 실천 내용을 올리고 있습니다. (네이버 블로그)

10) 바보 아저씨의 경제 이야기(바보 아저씨) : 동명으로 출간된 책도 있습니다. 실생활에 도움이 되는 정보들이 많습

니다. (네이버 포스트)

11) 돈이 그대를 춤추게 하라(꿈꾸는 자본가) : 『토익보다 돈 공부』의 저자. 주식 투자와 자기 계발에 대한 이야기를 담고 있습니다. (네이버 블로그)

12) 사회초년생을 위한 재테크 튜토리얼(Toriteller) : 『잘 쓰기 위한 재테크』의 저자. 사회 초년생 대상으로 재테크, 경제, 금리, 이자율 등 다양한 이야기를 풀어내고 있습니다. (브런치)

13) 차칸양의 돈 걱정 없애주는 경제 이야기(차칸양) : 돈 걱정 없이 살기 위해 꼭 필요한 다양한 경제이야기를 풀어내고 있습니다. (브런치) (접니다!!)

팟캐스트, 유튜브

마지막으로 추천해 드릴 리스트는 바로 팟캐스트와 유튜브 방송입니다. 저는 집이 용인인데요, 직장인 시절 제가 다니던 회사는 강남에 있어서 매일 직행 좌석버스로 출퇴근을 했습니다. 다만 버스를 이용하다 보니 책을 읽기가 어려웠습니다. 그래서 그 시간을 어떻게 보낼까 하다가 찾은 것이 바로 팟캐스트입니다.

여러 팟캐스트 방송을 듣곤 했지만 그중에서 거의 빼놓지 않고 매일 듣다시피 했던 방송이 바로 《이진우의 손에 잡히는 경제》였습니다. 한편 당 약 30분으로 집중하기 적당한 시간, 초보자도 쉽게 이해할 수 있는 구성과 설명 등, 경제 공부용으로 딱 듣기 좋은 방송이었습니다. 이슈가 되는 경제 뉴스가 있으면 전문가를 초빙해 의견을 듣기도 하고, 때로는 청취자들이 궁금해하는 경제 사안을 취재를 통해 쉽게 풀이해 주기도 했습니다. 저는 이 프로그램 덕분에 경제 공부의 스펙트럼을 넓힐 수 있었습니다. 그리고 함께 경제 공부를 하던 분들로부터 다른 팟캐스트 하나를 추천받았는데, 바로《신과 함께》입니다. 처음에는 '각 분야별 경제의 신들과 함께 하는 접신 방송'이란 부제가 다소 코믹하게 다가오기도 했지만, 실제로 들어보니 분야별 경제 전문가나 고수들을 초빙해서 상당히 심도 있는 경제 이야기를 들려주는 방송이었습니다. 경제 해설가 김동환 위원, 이진우 경제 전문기자, 방송인 정영진 씨 등 3명의 공동 사회가 무척 재미있습니다.

다만 이런 팟캐스트에도 한 가지 아쉬움은 있습니다. 대부분이 오디오로 진행되는 만큼 비디오(종종 공개방송도 하지만)의 부족함이 그것입니다. 하지만 최근에는 이 부분마저도 완벽하게 메워주는 채널이 등장했는데 바로 유튜브입니다. 유튜브에는 이제 없는 게 없을 정도로 모든 정보가 집중되는 채널로 성장했습니다. 실제로 이 안에서 자신이 찾고자 하는 웬만한 경제 관련 정보를 거의 다 찾을 수가 있습니다. 그만큼 엄청난 정보의 보고라고 할 수 있습니다.

자, 그렇다면 일단 백문이 불여일청(견)! 팟캐스트와 유튜브를 통해 경제 공부를 할 수 있는 방송에는 어떤 것들이 있는지 한번 알아보도록 하겠습니다. (추천하는 경제 고수와 방송들은 모두 무순이며, 개인의 사정에 따라 연재가 중단되거나 이름이 바뀔 수도 있습니다.)

팟캐스트

1) 김동환, 이진우, 정영진의 신과 함께 : 분야별 경제의 신들과 함께 하는 접신 방송. 팟캐스트 경제 부문 부동의 1위 방송. 주식 시장, 유명 경제 도서 리뷰, 미국 금리, 원자재 시장(유가), 각종 통계 분석, 부동산시장 전망 등 다양한 경제 주제를 다루고 있습니다.

2) 이진우의 손에 잡히는 경제 : MBC 라디오 프로그램을 팟캐스트로 만들어 놓은 방송. 경제 초보자들도 쉽고 부담 없이 들을 수 있다는 장점이 있습니다.

3) 부동산 클라우드 팟캐스트 : 부동산에 대해 더욱 많은 것을 알고자 하는 사람들을 위한 방송입니다. 다만 2018년 9월부로 방송이 종료되어 더 이상 새로운 내용이 올라오진 않습니다. 그럼에도 경제 공부를 위한 정주행은 의미가 있습니다.

4) 발칙한 경제 : 현직 기자들의 팟캐스트로 다양한 경제 이

야기를 재미있게 풀어내고 있습니다. 동명의 책도 출간되어 있습니다.

유튜브

1) 슈카 월드 - 먼 이야기 이웃 이야기 : 재야 고수 슈카가 운영하는 유튜브로 어렵고 딱딱한 경제, 시사, 금융 이야기를 쉽고 유쾌하게 풀어내고 있습니다.

2) 정현두의 경제학 1교시 : SBS 돈워리스쿨의 시즌 1의 돈쌤이 운영하는 유튜브로써 경제 역사, 시사, 상식 등 다양한 부분에 대해 쉽게 설명하고 있습니다.

3) 최진기의 생존경제(완결, 총 28편) : 『지금 당장 경제학』, 『경제 상식 오늘부터 1일』의 저자인 최진기 강사가 '오마이스쿨'에서 진행한 강의 전체를 들을 수 있습니다.

4) 단희TV : 행복 주치의 단희쌤의 유튜브로써 주로 부동산 관련 이야기가 주를 이룹니다. '부, 힐링, 1인 기업'이라는 세 가지 키워드를 내세우고 있습니다.

5) 캔들 스토리 : 경제, 상식, 역사, 국제정세, 정치, 인문 등 다양한 경로를 통해 경제 이야기를 푸는 특징이 있습니다. 경제에 관한 다양한 관점을 얻을 수 있는 채널입니다.

6) 더 나은 삶 TV : 더 나은 삶을 위해 더 많은 돈, 더 많은 행복, 더 많은 지식을 소개하고 소통하는 채널입니다. 경

제파트만 보고 싶다면 '더 나은 경제를 위해' 채널을 보면 됩니다.

7) 집코노미 TV : 한국경제신문과 한경닷컴이 함께하는 부동산 전문 채널입니다.

8) 박문환 '새벽을 여는 편지' : 필명 샤프슈터, 하나금융투자 박문환 이사의 경제 스페셜 리포트입니다. 글로벌 경제에서 발생하는 다양한 이벤트에 대한 전문적인 소견을 들을 수 있습니다.

9) 티끌모아 한솔 : 대학생, 사회 초년생들을 위한 저축, 투자, 금융 상품, 자산관리 방법 등에 대해 상당히 꼼꼼하고 자세하게 설명하고 있습니다.

10) 챔CHAM, 돈 공부방 : 경제 초보들을 위한 경제/금융 공부방으로 쉬운 투자 공부와 함께 주식, ETF의 기본 개념에 대해 쉽고 자세히 설명하고 있습니다.

20

나에게 맞는 한가지 경제 공부법에 집중하기

그 어떤 이동 수단보다 빠른 비행기를 타고 푸른 창공을 누비는 파일럿은 누구나 꿈꾸는 멋진 직업 중 하나입니다. 하지만 파일럿이 되기 위해서는 고난도의 훈련 코스들을 통과해야 하는데, 그중에서도 가장 힘든 코스가 바로 비행 훈련입니다. 힘든 훈련들을 모두 무사통과한 파일럿이지만 비행 훈련만큼은 다르다고 합니다. 그 이유는 비행기가 요동칠 때마다 온몸으로 전해지는 초강력 멀미와 울렁증 때문입니다. 빠른 고도 상승에 이어지는 갑작스러운 낙하, 360도 회전에서 720도로의 역회전, 상하좌우 날개 흔들기와 같은 비행 훈련은 끔찍한 고통을 유발합니다. 이

것으로 끝이 아닙니다. 시선을 비행기 안이 아닌 바깥으로 옮길 경우, 멀미는 더욱 강력해져 정신을 혼미하게 만들 지경입니다. 그야말로 눈이 돌아갈 지경인 거지요. 하지만 이처럼 강력한 멀미와 울렁증을 이겨낼 방법이 전혀 없는 건 아닙니다. 의외로 간단하고 쉬운 방법인데, 그것은 바로 한 곳만 집중해서 바라보는 것입니다. 아무리 비행기가 흔들리고 요동친다고 할지라도 자신의 바로 앞에 있는 계기판만 집중하여 쳐다보게 되면 정신이 모아지고 더불어 멀미와 울렁증까지 줄어든다고 합니다. 이 방법을 통해서 많은 파일럿들이 힘든 비행 훈련을 통과할 수 있었다 하는데요, 이것이야말로 바로 집중의 힘이 아닐까 싶습니다.

1999년 상영되어 상당한 인기를 끌었던 영화《주유소 습격사건》은 주유소를 둘러싸고 벌어지는 온갖 천태만상을 코믹하게 그린 영화입니다. 다양한 캐릭터들이 나오지만, 이 중에서도 백미는 단순무식의 대명사 무대뽀 역을 맡아 리얼한 열연을 펼친 유오성입니다. 그는 잔뼈가 굵은 싸움꾼입니다. 그에게는 오랜 경험에서 나온 싸움의 법칙이 있습니다. 아무리 많은 상대와 싸울지라도 절대 당황하지 않고 "난 한놈만 패!"라며 상대방 패거리 중 한명만 찍고, 무슨 일이 벌어지든 무조건 그놈만 미친듯 죽으라 공격하는 것입니다. 아무리 숫자적으로 우위가 있는 상대라 할지라도 한 놈이 거의 죽어 나가는 걸 보게 되면 공포를 느끼지 않을 수가 없습니다. 이 전략은 '무대뽀'란 그의 별명처럼 단순하지만 분명한 색깔을 가지고 있습니다. 그리고 이는 우리가 경제 공부를 해야 하는 방법과도 매우 유사합니다.

그동안 이번 꼭지까지 포함해서 총 스무 개의 '돈의 흐름을 읽는 습관'에 대해서 말씀드렸습니다. 이중 자신에게 맞는 방법을 습관으로 장착시킬 수 있다면 보다 빨리 경제에 대한 내공을 쌓을 수 있습니다. 하지만 생각보다 오래 걸리고 쉽지도 않습니다. 습관이란 건 만들기도 어렵고 또 쉽게 깨지기도 하기 때문입니다. 그렇기 때문에 습관을 내 것으로 만들기 위해서는 '무대뽀'처럼 나와 잘 맞는 하나에 집중해서 실천하는 것이 좋습니다. 그래야만 보다 쉽게, 그리고 마치 원래 자신의 것인 양 내 몸에 장착시킬 수 있기 때문입니다.

책 읽기가 좋다면 매일 30분씩 집중적으로 책 읽기를 해보시고, 경제 기사 읽기가 나와 잘 맞다고 생각되면 매일 세 줄 요약법을 활용하여 본격적으로 기사 읽기를 해보세요. 또 경제 단어를 통한 공부가 좋다면 이 또한 무조건 해보시고요. 한 놈만 '패'다 보면 길이 보이게 되어 있습니다. 이 전략이 습관을 만들기 위한 가장 좋은 방법입니다.

세계에서 가장 빠른 새로 알려진 매(Falcon)는 먹이를 발견하더라도 절대 바로 접근하지 않습니다. 먼저 수직으로 낙하하여 중력 가속도를 높이고, 이후 궤도를 수평으로 전환하여 속도를 최대한 높임으로써 먹이를 빠르게 낚아챕니다. 이러한 매의 움직임을 사이클로이드 곡선(Cycloid curve)이라고 하는데, 3차원 공간에서 높이가 다른 두 점을 최소의 시간으로 이동하는 경로가 바로 이와 같이 움직일 때라고 합니다. 이는 물리학자들의 실험에 의해 검증된 결과입니다.

좋은 습관은 마치 매의 비행과도 같습니다. 일정 기간 동안은 지루할 뿐 아니라 별 효과도 없어 보입니다. 하지만 어느 순간이 지나면 그때부터 빠르게 속도가 붙기 시작합니다. 바로 중력 가속도가 수평 속도로 전환되는 시기라 할 수 있습니다. 이때까지는 어쩔 수가 없습니다. 그저 한 놈만 죽으라고 '패'야 합니다. 하지만 이후에는 매가 먹이사냥에 성공하듯, 여러분의 경제 공부에도 내공이 쌓이기 시작할 것입니다. 건투를 빕니다.

경제·경영·인문적 삶의 균형을 잡아드립니다

2017년 말 무려 23년간이나 몸담았던, 그리고 젊음과 청춘의 시간을 함께했던 회사를 나왔습니다. 명예퇴직, 아니 권고사직이었습니다. 당시 제가 할 수 있는 선택은 둘 중 하나였습니다. 버티든가 나오든가. 한 집안의 가장으로서 고민에 고민을 거듭할 수밖에 없는 일이었습니다. 하지만 의외로 결정은 쉬웠습니다. 2008년 구본형변화경영연구소의 연구원이 된 이후부터 이 상황을 머릿속으로 계속 그리고 있었기 때문입니다.

"그래, 홀가분하게 떠나자. 그리고 다시 시작해보자. 이제 더 이상 돈 때문이 아닌, 내가 하고 싶은 일을 하며, 소위 내 멋대로 한번은 살아봐야 하지 않겠는가, 그래야 후회도 적지 않겠는가." 그렇게 1인 기업가, 소위 프리랜서가 되었습니다.

제 직업은 '라이프 밸런스 컨설턴트(Life Balance Consultant, 이하 LBC)'입니다. 세상에 둘도 없는 유일무이한 직업입니다. 제가 이 LBC란 직업을 통해서 하려는 일은 이것입니다. "경제·경영·인문적 삶의 균형을 잡아드립니다." 과거와 달리 부자가 되는 것도, 사회적 성공을 이루는 것도 어려워진 시대에 평범한 사람들이 보다 풍요롭고 여유 있게 살아가기 위해서는 자신만의 경제·경영·인문의 균형점을 찾는 것이 중요합니다. 자신의 삶에 경제·경영·인문의 균형점(BP, Balancing Point)을 찾아내고 실천하는 것, 그리고 이런 균형 잡힌 삶을 찾을 수 있도록 도와주는 것. 그것이 바로 제가 하려는 일의 목적이자 미션입니다.

현재는 배운 게 도둑질(?)이라고 재무 강의와 경제 칼럼 기고, 그리고 1:1 재무 컨설팅을 주로 진행하고 있습니다. 회사 다니는 동안 열심히 배우고 했던 공부들이 그대로 제2의 업이 되었습니다. 지금 생활이 연구원 생활을 하면서 꿈꾸었던 미래와 정확히 일치하진 않지만, 그래도 내가 그렸던 삶을 살아갈 수 있게 되어서 정말 기쁩니다. '누군가가 시키는 일이 아닌, 내가 가진 생산성을 통해 타인들과 나누며 살아갈 수 있는 인생.' 물론 미래는 불확실하고 불투명합니다. 그렇다 할지라도 나의 길을 제대로 가고 있다고 확신하기 때문에, 그리고 내 안에 꾸준히 전진할 수 있는 힘이 있다는 것을 알고 있기 때문에 제 발걸음은 무척이나 가볍습니다.

파커 J. 파머의 수필집 『삶이 내게 말을 걸어올 때』에서 현명한 노인 루스는 자신의 인생에서 길이 열린 적은 한 번도 없었다고 말합니다. 대신 뒤쪽의 수많은 길이 닫혔기 때문에 자신은 묵묵히 지금의 길을 걸어올 수 있었다고 고백합니다. 저 또한 그렇습니다. 다시 과거로 돌아갈 수는 없습니다. 대신 저는 두 가지 자유를 택했습니다. 하고 싶은 일을 할 수 있는 자유, 그리고 하고 싶지 않은 일을 거부할 수 있는 자유. 저는 기쁜 마음으로 한 걸음씩 쉬지 않고 내디딜 것입니다. 왜냐하면 이 여정이 곧, 제 인생 그 자체이기 때문입니다.

어찌어찌하다 보니 벌써 다섯 번째 책입니다. 평범한 데다 여러 면에서 부족하기만 한 사람이 출간한 책의 숫자로만 손가락 다섯 개를 펴 보일 수 있다니 스스로도 놀랍기만 합니다. 하지만 한편으로는 반성과 함께 다소 걱정도 됩니다. 책을 낸다는 것은 온전히 나 자신을 드러내는 일이기 때문입니다. 내가 독자들을 향해 과연 이런 이야기를 꺼낼 자격이 되는지, 또한 나의 이야기들이 독자들에게 얼마나 보탬이 될 수 있을지. 하지만 이제 이러한 자격지심과 의문은 가슴에 묻은 채 또 하나의 분신을 세상에 내보냅니다. 졸저지만, 다만 조금이라도 독자분들에게 도움이 되고 보탬이 되었으면 좋겠습니다.

지난 1년간 이 책을 써오며 많은 생각을 했습니다. 내가 그 동안 해왔던 경제 공부 방법을 소개하는 것 이상으로 독자들에게 좀 더 효율적으로 경제 공부법을 알려 줄 순 없을까? 그런 의미에서 '좋은습관연구소'는 제게 많은 숙제를 주었습니다. 보다

현실적이며 누구나 실천 가능한 방법을 찾아내기 위해 다양한 피드백을 주었죠. 혼자 고민하고 혼자만의 생각으로 글을 썼더라면 아마도 이 책은 완성되지 못했을 것입니다.

글을 쓴다는 미명하에 가장의 역할을 제대로 하지 못했음에도 불구하고, 여전히 나를 이 세상 유일한 남편으로 아껴주는 아내에게 가장 큰 사랑을 전합니다. 당신의 존재가 없었다면 이 책은 물론, 나의 인생 또한 없었을 것입니다. 앞으로도 오랜 시간 당신의 손을 꼭 잡고 인생의 나머지 길을 걸어가겠습니다. 이제는 성인이 된 아들과 딸, 효빈과 해빈에게도 하트를 보냅니다. 아이들은 제가 인생을 더 열심히 살 수 있는 이유이자 원동력입니다. 글을 쓰는 데 있어 여러 방면에서 조언과 힘이 되어준 '에코라이후' 회원들에게도 감사를 표합니다. 이들은 내가 지치지 않고 꾸준히 지금의 길을 걸어갈 수 있도록 도와준 인생 친구들입니다. 평생 서로 격려하며 선한 영향력을 끼치는 관계로 함께 살아가길 바랍니다. 그리고 마지막으로 아버지, 장모님. 보고 싶네요. 언젠가는 만나겠지만, 그때까지 가족들과 함께 열심히 살아갈게요. 하늘에서 편안히 잘 계시다가 나중에 뵙겠습니다. 사랑합니다.

돈의 흐름을 읽는 습관
: 부자가 되는 경제 공부법

초판 1쇄 발행	2020년 10월 12일
초판 3쇄 발행	2021년 12월 5일
지은이	차칸양(양재우)
펴낸이	김옥정
만든이	이승현
디자인	스튜디오진진
펴낸곳	좋은습관연구소
주소	경기도 고양시 후곡로 60, 303-1005
출판신고	2019년 8월 21일 제 2019-000141
이메일	LSH01065105107@gmail.com
ISBN	979-11-971769-0-6 (03320)

당신의 이야기, 당신의 비즈니스, 당신의 연구를 습관으로 정리해보세요.
좋은습관연구소에서는 '좋은 습관'을 가진 분들의 원고를 기다리고 있습니다.
메일로 문의해주세요.

네이버/페이스북/유튜브 검색창에 '좋은습관연구소'를 검색하세요.